论天人合一

张楚廷 著
孟樑 钟佩璇 插图

中国发展出版社
CHINA DEVELOPMENT PRESS

图书在版编目（CIP）数据

论天人合一 / 张楚廷著. —北京：中国发展出版社，2021. 10
ISBN 978-7-5177-1220-6

Ⅰ. ①论… Ⅱ. ①张… Ⅲ. ①天人关系—研究 Ⅳ. ①B2

中国版本图书馆CIP数据核字（2021）第201396号

书　　　名：论天人合一
著作责任者：张楚廷
插 图 作 者：孟　樑　钟佩璇
责 任 编 辑：钟紫君
出 版 发 行：中国发展出版社
（北京经济技术开发区荣华中路22号亦城财富中心1号楼8层　100176）
标 准 书 号：ISBN 978-7-5177-1220-6
经　销　者：各地新华书店
印　刷　者：河北鑫兆源印刷有限公司
开　　　本：880mm × 1230mm　1/32
印　　　张：5.5
字　　　数：120千字
版　　　次：2021 年 10 月第 1 版
印　　　次：2021 年 10 月第 1 次印刷
定　　　价：48.00元

联 系 电 话：（010）68990535　68990692
购 书 热 线：（010）68990682　68990686
网 络 订 购：http：//zgfzcbs.tmall.com
网 购 电 话：（010）68990639　88333349
本 社 网 址：http：//www.develpress.com
电 子 邮 件：10561295@qq.com

自序

Preface

没想到的是，我越写越觉得这个题目包括的内容无比丰富。而且，当我落笔时想到，对于这个课题，我可能只写了千分之一二。自然，总还会有后来人去挑战这一题目的。弄清天，弄清人，弄清它们如何合一，这一问题实在太富有挑战性了。我们生活在天底下，能不思考天人关系吗?

自孔孟时代就有了天人合一的思想，这是我国古代哲学的精华，先人通过思辨而达到天人合一的境界，实在是大智大慧，实在是哲学史上的一大奇观。

欧洲率先实现了工业化，在工业化过程中曾带来对环境的严重污染。伦敦曾被称为“雾都”。由此，他们开始思考人与环境的关系（人与天关系的具体表现之一）。因而，有关天人合一的思想是从比较实际、比较具体的背景下出现的。

到今天，我们人类从思辨到实践，已经相当充分地认识到了自己与上天的关系，“我们只有一个地球”是一句含义深远的警语，十分简洁又深刻地表达了人类对大自然的认识，这是一种觉醒，觉醒到我们人类不能无限地毫无顾忌地向大自然索取。史上亦曾发生过一些鲁莽的行为，乃至近代亦有过。我们应当检讨，应当深刻反省。

宇宙间，如地球这样可供人生存的星球，至今还未发现，因而，人们疑问道：还有这样宜居的星球吗？进一步想想，地球神奇般地缔造了人，并赋予了人以神奇，神奇到我们对人、对自己是如何起源的这一问题，尚一无所知。关于宇宙的起源，经过康德的大爆炸学说、希格斯的粒子学说和欧洲联合科学实验室的工作，我们已经有了十分深入的认识。可是，关于我们人类这样一个小宇宙的起源，仍茫然不知。

对于大自然缔造了我们人类，并赋予了我们的神奇，我们应当感恩。这是我们必不可少的觉悟，并且我们不能再因有不当行为而辜负了大自然的恩赐。天人合一，主要是我们人类去与天合一。我国古代哲学家的先进思想当为我们人类记取。

我写下这本《论天人合一》，也算是对先哲们的一种纪念，也是我对大自然感恩之点滴。

张楚廷

2021 年 10 月 10 日谨记

目录

Content

第一节　“天”字满天飞

《理论汉语词典》以“天”字为词首的条目共158条，有天才、天意、天赋、天怒人怨、天崩地裂……

以“天”字组词的有多少？上天、苍天、青天、春天、冬天、昨天、明天、西天、呼天抢地、仰天大笑、蓝天白云、冰天雪地、黄河之水天上来、欲与天公试比高……

传统中国人的家庭起居室里，常供奉着“天地君亲师”的牌位，“天”字排第一。

中国人时时日日很少有不说出一个“天”字的时候。“今天天气如何”，这句话中就出现两个“天”字，一个是指时间，另一个是指空间，关于天空间的某种状态。

小学生们有“好好学习，天天向上”的词语。

中学生们天天写作文、天天算数学、天天做体操，还彼此开玩笑，仰天大笑。

大学生们举办沙龙，谈天论地，天文地理、天上人间，无所不及。

年轻人办婚事，先拜天地，后拜父母，然后才是夫妻对拜。天总是在顶上头的。

人活到30岁，谓而立之年，40岁指不惑之年，50岁被称为天命之年，60岁谓花甲之年，70岁谓古稀之年，再来一点就叫作耄耋之年了。这也是30多年前的事了。我们一些50岁左右的球友，大多是外国语学院的教授，为打羽毛球设立的一个奖杯，就叫作“天命杯”。连续两届我都夺得单打冠军。现在不能再打下去了，一则年龄过了，二则一个人总拿冠军也没意思。50岁了，该提醒一下自己，明白上天告知我们的是些什么。

在一整天的时间里，一个人不说一个“天”字是很困难的。喜事来了，欢天喜地；悲伤来了，哭天喊地；大祸降临，犹如天塌下来了；一切随缘吧，天要下雨，娘要嫁人；今天的事情今天做，明天还有新功课；做好每一天；等等。

生活目标更清楚的人，会有更长远一些的打算。一年365天时时安排；今年做些什么，明年做些什么，更长远的也有个想法，越远可能越模糊，但有模糊的想法总比没有好。人活一百岁，也就是36500天，除掉儿时的懵懂时期以及老年时精力的衰退时期，七折八扣，可有效利用的时间也不太可能超过3万天。

有一首来自我国台湾的歌，名叫《童年》，歌里唱道，“一天又一天，一年又一年，模模糊糊的童年”。人知晓与天地的关系颇不容易。教育最好能让读高中的学生就开始明白天，明白自己跟上天的关系，最好还能知晓天人合一的哲学思想。

古中国、古希腊都是哲学大国，同时也是文明天国，还是社会繁荣之国。

有关天人合一的哲学思想，两千多年前的中国哲学家孔子、孟子、老子、庄子都有了。他们的这一哲学思想远远早于西方。不妨在此摘引几段他们的有关论述。

孔子言道：“君子有三畏，畏天命，畏大人，畏圣人之吾。”“天故吾哉，四时行焉，百物先焉，天何吾哉？”“不知命，无以为君子也。”[①]知天命的思想也是源于孔圣人的，2500年前就有如此深刻的天人合一哲学，稀哉，壮哉！难怪西方有人认为，要从孔子那里寻找智慧。

孟子言道：“尽其心者知其性也，知其性则知天矣”；“存其心，养其性，所以奉天也”；“学问之道无他，求其放心而已”[②]。这也是天人合一的一种表现。孟子的“无他”实乃无学问非之所求，亦乃为学问而学问；只求自圆其说，也只听从自己内心的呼唤。这也应当是学问家的天理良知。

我们引述老子的三句话：“天下万物生于有，有生于无”；“天下难事，必作于易，天下大事，必作于细”；“天地尚不能久，而况于人乎”[③]。天、事、人，也是连在一起的。

庄子言：“有天乐、人乐之分”“天地有大美而不舍”[④]。美学思想是哲学思想的一部分，是庄子把天、地、人、乐与美联系在一起的。

---

① 转引自马契主编的《哲学大辞典》，上海辞书出版社，1992年版，第310页。
② 转引自马契主编的《哲学大辞典》，上海辞书出版社，1992年版，第1134页。
③ 同上，第480页。
④ 同上，第645页。

古希腊哲学的主流是资本主义、理性主义的，距离把天与人、大自然与天联系起来的哲学，还比较远。换言之，中国古代哲学既有了理性主义，又有了非理性主义的内容。欧洲的非理性主义哲学是在经过了黑暗的中世纪之后的文艺复兴，才大规模兴起的。由此，我们也清晰地看到，中国古代哲学的历史更为悠久，更为先进。特别是在天人合一的哲学思想上，其悠久与先进都十分明显。

17 世纪以后，欧洲开始工业革命，这使得人类在生产力上有了大幅度的提升。同时，也带来了对人自身、对自然环境的一些负面影响，亦带来了人的畸形发展，带来了对自然环境的污染。史上，伦敦曾被称为“雾都”，即为一例证。如今，人们已经知道，在发展经济的过程中，不能因为环境的破坏而付出巨大的代价。如今的世界发达国家，从欧洲到北美，环境已经治理得非常好了；在 30 多年前，我们对人文环境也日益重视起来。这不一定是自觉以天人合一的哲学为指引的，却也会自然地按此去做。或者，这会是人的一种本能，本能地与天靠近，本能地学会恭恭敬敬地对待大自然，对待上天。

天人合一，应当是人与天去合，人需要觉悟到这一点，并且要在明白天意的前提下，努力去做。大自然（上天）缔造了人，人需要感恩。人觉悟到需要感恩，前提是明白大自然有多么伟大。它把我们神奇地带到了这个星球上。说神奇，一点儿也不为过。至今，我们还不知道地球是如何把我们孕育出来的，不知道唯有人才有的意识是怎样生成的，而正是这个意识又让我们创造出了许多的神奇。

我不知道“我们只有一个地球”一语出自何人之口，然而我知道这一句话实在是太意味深长了。应当有学者、智者把这句话写成一本书，把这句话的几乎无限的含义提示出来，那必将是一部体现天人合一哲学的厚著。我估计，写这样一本书，需要有宇宙史、地球史、人类史、文明史的丰富知识，当然也需要天人合一的哲学思想。“我们只有一个地球”一语所体现的，正是这种哲学。

现在,“绿水青山就是金山银山”体现的就是一种环境常识。

我生活在汀江之畔，岳麓山脚下，至少在长沙市的范围内，实可谓青山绿水。岳麓山周围聚集着湖南最好的几所大学，这里的人们更有可能明白天人合一的道理，更会珍惜所在的地域环境。繁华的城市里的人们，常常去空气更为新鲜的田园，去那些青山绿水、风景如画的地方去旅游。这样就能体会到天地之美，体会到不能沉浸在城市里的喧闹之中，同时也会爱护好、治理好自己的城市。

我们的祖先，那些两千多年前的圣哲，他们天人合一的哲学具有思辨的性质。他们不可能是从今日经济发展所带来的环境恶化出发来论述的。这一点正说明了他们的先知先觉，他们不是在环境日益恶化的情况下才去思考的。他们当然也不可能料想到自己的思想对今日的人类有多么重要、多么宝贵。这一历史事实也再一次说明，人类一些先进的思想是永远光芒四射，照耀人间的。

第二节　我与大自然

我们有时候说“天公作美”，有时又说“天公不作美”。共同点在于，我们都认可天公。

无论天公作美与否，我们都不怨天。美不美，都是天公给我们的，安排好了的。

“天公”一词，显然是一种拟人化，是人赋予大自然的一种人格。当然，这既是人与大自然相处的一种相当普遍的方式，又是一种普遍意识的反映。天、水，本是自然物，但已如我们所知，也存在天文、水文之说，这也是人赋予大自然以文明，以精神或灵魂，将自己的灵魂与天地日月连在一起，与大江大河连在一起。

天公作美也好，天公不作美也好，人与天好好合作就行了，一起来作美。人是超自然的，却又是在自然之中的，人不能在心态上置身于自然之外。我们的中国传统文化是对天公有无限敬意的。对于天赋、天赐总是感恩不尽的。

有人在胡作非为时说天塌不下来，地球照样转。从根本上说，这是心中没有天，没有大自然，没有对大自然不可或缺的敬畏，忘乎所以到了不知自己是立于大地的，还自鸣得意，实则是莫大的悲哀。

写到这里，我再一次感觉到天人合一这种我国古代哲学的精华，感觉到它永恒的意义，也感觉到它的现实意义。如今的环境伦理、生态教育，既具有现实意义，又可从更宏大的天人合一哲学那里去思考，如此，我们就更为自觉，自觉于自己的行为。我热爱“天人合一”这一课题，不只是我的哲学兴趣使然，也是我对其巨大现实意义的一种体悟。写这样一本书固然不易，却更因不易倍感珍贵。

这涉及我本人的人生哲学。我们家用上空调有 20 多年了吧，但我始终有这样一个信念：大自然要我冷就冷，要我热就热。虽然我怕冷，但也尽量不用空调。相比于四季如春的昆明，四季如夏的马来西亚，我还是更喜欢四季分明的长沙、武汉。生活中有酸甜苦辣，四季中也有春秋冬夏。四季更替的衣物穿着的变化也大，五味杂陈比单一味道更好。

换句话说，我靠近、亲近大自然，我与天合一，乃天我合一。这也是我必然信举天人合一哲学，喜欢这一哲学思想的原因，一种亲身体验使然。

大自然每分钟“跳动”60 次（每分 60 秒），我们的脉搏在平静时也是每分钟跳动 60 次。我与大自然同步跳动，很高兴能与上天一起跳动，实乃三生有幸。这一点让我对大自然没有陌生感，对大自然的神奇也更容易感受到。而若没有神奇感，也就不易体悟到大自然的神奇。

我心目中的“天”，就是满天星斗。我把无数的人放在我心间，或者说他们本在我心间，故我在人间，人间与我合一，也自然成为天人合一思想与行为的组成部分。

天人合一的哲学在我现实的生活中，让我与宽阔的天地连在一起。这种现实生活让理想主义与现实主义、写实主义、浪漫主义与我浑然一体。无边无际的大地与我无边无际的胸怀融为一体，我与天合二为一。

天空是无比辽阔的，人只有在心胸辽阔的条件下才能与其合一；天空是无比神奇的，人只有在充分展现自己的神奇时，才能与之合一。当然，人若违背了大自然的愿望，那么人自己就会朝着与天道相反的方向走去，不是合一，而是分离。

人自己需要明白，天是有生命的，因而人需要感受到天的气息，感受到它的呼吸，它脉搏的跳动。人在充分感受到这一点时，才可能大彻大悟：原来，我们就是大自然之子。当我们与之紧紧贴在一起时，人才成为人，成为自然之子。

人们不能总是向大自然无限地索取，不能那样自私，那样忘本，那样不知道感恩。在工业化的过程中，人类曾大量排碳，造成对大自然的破坏、对臭氧层的破坏。人类将为此而付出代价。如今的联合国组织不只是在维护和平，发展经济、文化、科学上起到作用，而且在维护地球生态方面也发挥了作用。在设立各种节日（如劳动节、妇女节、儿童节等）的同时，也设立了地球日，呼唤人类一起来保卫我们的星球。地球村是我们共同的家园。

人是自然之子、天之子。谁能是天之骄子？这种人必是出在明白天人合一的人之中的。自诩有用吗？唯有自觉有用，自觉到自己生于天、生天地。天人合一，包括了天人合作。我觉得，天对人够好的了，主要应当由人去感悟，去努力与天靠近，与天合一。

第三节　论天之赋予

我们的一切都是上天赋予的。可是，要把这“一切”看清楚、说清楚，还真不是一件容易的事。有些人可能压根儿就没有想过；想过了的，想了多少？想到了那“一切”的百分之一、千分之一吗？很可能，我们常常要问问苍天，请教它，询问它：它究竟赋予了我们哪些东西。

每个人在我心中都是尊重的，并且我还认为是神奇的，或许你还不充分知晓这种神奇。对于我来说，尊重人、理解人、平等待人，都是自然而然的。

上天赋予人的包括生存权、发展权、受教育权、劳动权、受到平等对待的权利、受到尊重的权利……我是一名教育工作者，着重在于维护师生的权利。有一次，在开学典礼上，我重点对师生说他们有哪些权利，并建议他们组织起来维护自己的权利，通过自己的努力去充分享有这些权利，以便更好地发展自己，帮助他人，自觉成人。

上天赋予人的权利有广泛的内容，并且对任何人都不例外。上天对每个人都是公平的。因而，在工作中、在生活中，我对人的尊重没有过例外，甚至我绝少有疏忽。举一例，我无数次经过门卫，却无任何一次忘记与门卫打招呼，向他们致意。

上天自然地把所有的秘密放在了人身上，把最美的要素也赋予了人。这样，也就把神奇赋予了人，并且，这种神奇的秘密无法全部揭晓出来。

上天赋予人的，最神秘的，莫过于灵魂。人类灵魂的伟大赋予者是上天，是大自然。人自然需听从上天，与其合一。

人自觉其人，首先是自觉到上天的赋予，当然，最好能自觉到天人合一的哲学。我想，自觉到自己与天地日月之间千丝万缕的联系，应当是一种最高觉悟。同时，这种人也应当是最有力量的，是最能将上天的赋予充分展现出来的强大的生命体。

有一个说法，“人在立足土地时，需常仰望天空”。这可能是勉励人能实能虚，立地又顶天；也可能是提示我们，当常问问上天，看它还有哪些交代。我也常常与天对话。问自己的内心时，对着天时会更加虔诚。若把天人合一践行于自己的日常生活中，每天仰望一下天空，不可谓不是一个好办法。谈天论地，是站在地上谈论的，间或常飞到天上去谈一谈、论一论，实有必要。人要立地，但也要能腾空。这要求太高了吗？不高啊，这是人的使命，这是上天的召唤。由此，我更进一步感觉到天人合一当对每个人都无比珍贵。

上天究竟赋予了我们什么？这可能需要每个人自己去问。我觉得这样问实在是太好了，太重要了。反过来说，如果对于上天赋予自己的东西一无所知，或知之甚少，都是很可惜的。我们需要反躬自问，自己不问，谁能代替你？当然，在别人的提醒或催促下去问也好。

对话是家常便饭。与小孩的对话，是小孩成长所必需的；多与小孩对话，善与小孩对话的父母，必定获得了有效且良好的家庭教育。对于学生，对于教学，在很大程度上也是对话。我们甚至还需要与古人对话，与智者对话，与友人对话，与自己的内心对话，与自己的灵魂对话，从而也与大自然对话。灵魂是玄妙的，也唯有常与上天对话，才可能对灵魂略知一二。那或许叫作无言的对话，却又无言胜有言，无声胜有声。问话，不一定求回答。

第四节　谋事在人，成事在天

“谋事在人，成事在天”，这也是对我们自己的勉励。努力去工作，失败了，也不怨天尤人。或许是我们的努力还不足以感动上天。总结一下，从头再来。这样，我们可能也更多、更自觉地检讨自己，检查自己所做的是否充分了。我深信，功夫不负有心人。当然，我们所做的，首先是感动自己。把功夫做足，在觉得“足了”的时候还要回头望望。这就是有心人。

“谋事在人，成事在天”，此言也包含了对天的尊重。天在天上，实际上，也就是外在客观世界。我们之所以还没有成功，或许就是对客观的认识还不充分，于是，它就来限制你了，而你还有所不知。我们的力气唯有花费在谋事上，充分地谋事了，成功才会在前面招手。

我觉得自己很踏实，很坦然，很舒畅，原因就在于我发奋于自己，用心去谋事，甚至对于“功夫不负有心人，上天不负有心人”也不去多加考虑，只要自己不负自己、不负父母就好了。因而，我也坚持为做事而做事，为学问而学问，为求知而求知的信念。因为踏实，所以为学问而学问；又因为为学问而学问，因此很踏实。所以，就能一路地走，一路地跳，一路地歌；至于留下了什么，也不必去管了。马帮过后，留下一片铃声；大雁过后，留下一片歌声；我相信，在自己走过的路上，也留下了脚印。

我很舒畅的原因就在于，天地在我心，如此宽广辽阔，任我驰骋，再加之我明白能成就多少由天决定。我之所求乃与天贴近，又不向它索取。这样，对于上天是否宽待我，就完全可以不考虑了。这也是我一贯的原则：第一条原则，是思考那些最值得思考的问题；第二条原则，是把最清醒的时间奉献给最有思考价值的问题；第三条原则，是对于那些不必思考的问题，完全把它们放下。这样，我生活和工作的效率就可能比较高。我常常觉得自己每天睡眠的时间太多，但不睡那么多还不行，好在我可以用提高效率去弥补时间。如此下来，天并未负我。我不负天，天怎会负我呢？

为什么说坦然呢？因为大自然给我的时间，我没有乱耗费。我不能说分分秒秒都爱惜了，但无谓的消耗没有过。即使跟人聊天，也总想聊出个新名堂来。至于每天还打打球，其作用亦不可或缺。有人说，我“坚持得好”，其实，若不是喜欢的话，光靠坚持，能维持多久？人总是在享受情意的共同作用下，才最有力量。

“谋事在人，成事在天”，这并不是说不理会天对我怎么样，而是我觉得自己充分谋事，努力于把可能的智慧献给工作，献给事业，这是我与天的合作，并且这是合作的唯一可行方式，也是唯一有效的方式。这样，我也就能潜心于工作。我的工作是读书、教书、写书，于是也就潜心于学问了。你知，我知，天也知，地也知。自己跟自己心知肚明，这比什么都重要，对自己知根知底不容易，却又是最必需的。

谋者，计谋、算谋、图谋、谋划、谋求、谋取……这都在谋事之列。主谋者还需要有人参谋。善谋事的人，一般都不会忘了自己身边需要一些人与之商量。小时候，与父亲一起下棋，人们都认为我是父亲的高参。那些想胜我父亲的人就提出不能让我开口的限制来。我从小能下棋，却没有走上专业棋手的路；我从小学到中学都会唱歌，也没有走上专业歌手之路。这并不是命运的安排。我还有过走仕途的机会，但我把握着自己的命运，一直是在做学问而非走仕途。谋事在人也、谋事在我也。上天扶着我、看着我，很快便松手，放手让我走。这样，我在学问的路上，也是走了长长的一大段。还能走多远，这要上天和我一起商量之后才能给出答案。

儿时，人们使用算盘，二一添作五,三下五除二，还有口诀。现时，有了计算器，又由庞大的计算机体到现在的电脑，计算能力越来越强。电脑帮了我们很多，但是，一方面，其软件是人去设计的；另一方面，它替代人的工作越来越多，就产生了对人不利的一面。电脑越来越聪明，而人却在某些方面越来越退化。人的行为本是为己的，却有事与愿违的时候。康德时代、黑格尔时代，更不要说孔孟时代、亚里士多德时代了，他们必定是用手书写的。那时候，人对自己的发明物（如今日之电脑）没有多少依赖，因而危险性较小。

有“人算不如天算”一说。如今有了气象预报，还有地震预报。这可视为人算，却十分困难。若有比较准确的地震预报，人的生命财产损失即可大幅下降。不仅地震预报困难，中长期天气预报也困难不小。有关的数据量太大了，处理不过来，甚至短期预报的困难也不小。从前，在没有什么预报时，人们常说“晴带雨伞，饱带饥粮”。可是，懒的天性让人不愿这样做；有了天气预报就更不愿这么做了。但天气预报常有不准的时候，有些地方常年不雨，预报的作用就不大了。南方的秋天较之春天则容易预报得多，春天的天气是猴儿脸，说变就变了。

有人觉得自己命苦，有人觉得自己运气不错。这都与不同人的感觉有关。王洛宾先生视苦难也是一种幸福，所以他能创作出《在那遥远的地方》。饱经沧桑的人，若能持更积极的人生态度，便可以与天一起来计算，这样天算与人算便一致了。

人可以计算，亦必计算，但不可算计，算计他人的事不可为之。手上的钞票怎么用，这需要掰着手指去花的。一天的时间如何分配，也需要计算。眼光长远的人，这半生，这一生，都会去安排一下的。天也算，人也算，合拍了就好。

正常情况下，我是乐于与人交流的，十分坦荡的。如今，我们的社会人与人也能坦荡地说话，心底无愧，无需戒备，不用算计。我能特别坦然的根本原因就在于，对天诚实，对人诚实，跟大自然贴合在一起，更对自己诚实，问心无愧。据此，还有什么不能坦然面对的呢？由此，天在怎样算着，我也能知道，它跟我计算的结果差不多。对天人合一的哲学，我不只是信奉，还在践行；若偶尔有偏离，也容易矫正过来。人非神仙，孰能无过。有过错了，就改正吧！

第五节　天文·水文

汉字里的“文”字具有极为丰富的含义。

汉文、藏文、回文……

英文、德文、法文……

论文、散文、诗文……

文章、文书、文笔、文本、文化、文明、文物、文坛、文学……

“文”字构成也极其多样。文化即以文化之，文明即以文明之，这里“文”字都具有神秘的含义。人文亦即人的精神面，从文化中获得人的精神，丰富人文。

天文、水文，那岂不是说天、水也有精神了吗？确实有，但那是由人赋予天、赋予水的。我们歌颂天地日月，就是歌颂“天”的精神；歌颂黄河、长江，就是歌颂“水”的精神。人与大自然如此相连，实乃天人合一哲学的经典表现之一。

我国西北地区有天山、有天水城。这些名字是从哪里来的我不知道，但它们都与“天”连着。对于一些地名的来源，我常爱问问。比如说我的家乡沔阳，就与沔水有关；我读中学的汉阳，就与汉水有关。我去过山东聊城，好奇这里与

《聊斋志异》有没有联系，却得不到答案。

武汉是武昌、汉口、汉阳的合称；湖北、湖南，是洞庭湖之北、之南；河北与河南，乃黄河之北、之南。无数的地名，对其来源、其含义都弄明白，想必是一桩专门的学问。对含义则可归之于阐释，可以有根有据地阐释，也可依自己的理解去阐释。对于我，这已成了一种习惯，无论什么形式的文本，都爱去阐释。而一经阐释，就在一定程度上成了自己的内在之物。于是，我很喜欢阐释学。

文理不分家。伦理、教理、物理、地理等都与文有交叉。伦理本身是文；数学则是人文的近亲，理科中的文科；天体物理、天文学，亦在物理之中；至于地理，除了自然地理外，还有经济地理、历史地理、人文地理，人与地交叉了；伦理学也产生了众多交叉学科，其中有各种职业伦理，特别是有生态伦理、环境伦理之类。

我感觉，凡字中含有“文”字者多有神秘的含义。“斌”字有文雅之意，彬彬有礼。还有教、敢、敏、敖、故、救、敛、致、敌、放、驳、改、攸、效、敬、散、败……山东有汶水，四川有汶川，这些地名与“文”有关吗？汶川大地震至今还在我们中国人心中震动。“汶”中也有灵魂。那是永远不会逝去的，实为永恒。

文明是以文字的出现为标志的。汉文字是最古老的语言之一，中华文明也是最古老的文明之一。据我所知，汉字共有九万多个。这九万多字，我认识五千左右，不到六千。语言学家认识得多一些，似乎也难以超过一万个。既认识，又知其义者，更少一些。我从数学转向文科，认识的字也因此而增多。我问心无愧的一点是，直至现在还认真学习着自己祖先创造的文字。凡不认识的字，凡认识但不详知其义的字，我都翻阅词典，《现代汉语词典》是我查阅最多的，还有《辞海》《汉语成语词典》。我叮嘱自己，对自己民族忠诚的表现之一就是努力学习自己民族的文化，这首先就是对汉语言文学的学习和掌握。

文学院的几位教授说我“驾驭汉语言文字的能力相当强”。一听到“驾驭”二字，我就觉得有所不敬。对待汉语，我有的是崇敬，是用心去学习、理解、体悟。汉字是唯一一种可望字知义的文字。仅仅字的偏旁就可以告诉你许多。一个旻字，一个旼字，前者在《现代汉语词典》里可找到，后者找不到。后来我在《辞海》中查到了。这两个字的读音一样（mǐn），但含义很不一样。我有两个历史背景是一般人所不知的。读中学时，我本就喜欢文学，考大学时有一个“向科学进军”的口号，这个“科学”指的是自然科学，尤其是工程科学。后来，体检时发现我色盲，什么工科也不能学，物理、化学、生物也不能学，于是选了数学，这亦如我所愿。

我任校长期间，在发展学校的学科上，下了很多功夫，这里就不去一一提及了，只提及两件事。一是我修建了一座天象馆；二是我将物理学单一的理论物理发展成了多学科的物理学，除团体物理、表面物理、凝聚态物理、流体力学、粒子物理外，还建立了天体物理，从长沙市河东的一所高校引进了四位优秀的教授（卫永之、唐志明等）。当然，与我们这里的主题关系更为密切的是天学（天文学）。我面对的是人（全体师生），我还知自己面对着“天”。天人于我心中合一。

人们知道，我和我们团队一起把学校带进了“211 工程”，可很少有人知道这个艰难的过程，尤其很少知道我在发展学校的学科上所作的艰辛努力，有些艰辛可谓难以想象。好汉不提当年勇，至于别人怎么提、怎么写，那就是另一回事了。

许多学科研究水，生物科学认为水是生命之源，化学将水分解为氢二氧一，文学歌颂山山水水。人把自己的心情总是表达为类似的某种自然情景，像“风生水起”形容一种活跃的场面，这也是与自然的合一、与天合一的表现。

伦理本来说的是人与人的关系。为什么还有环境伦理呢？这是因为人对环境的态度也折射了人与人的关系。当有人破坏环境时，也就危及了他人，故而是不道德的；当我们爱护环境时，也间接地爱护了他人，故而是道德的。人与人之间是由“天”连接着的，我们自觉认识到自己与环境的一致性，就是自觉认识到了自己与“天”的一致性。我们就会时时看到“天人合一”存在于我们的日常生活中。

第六节 天籁

说到“天籁”一词上来，它是指来自大自然的声音，如鸟声、风声、流水声、波涛声、虎狼声……天籁的“天”字确定是代表大自然的。籁是我们古代的一种乐器，谓之箫，如今泛指声音。天籁当然就是来自上天、来自大自然的声音了。

有一种口技艺术，就是模仿动物的叫声，如鸟叫、狗叫、猫叫……这似乎也是人对天籁之声所表达的一种感情。天人合一，天顺人意，人顺天意，与天靠近。

人的生活是多样的，多样的生活中产生了多样的音乐，多样的音乐又使人的生活更为多样，五彩缤纷，精彩纷呈。大西北的歌让我感受到辽阔，青藏高原的歌让我伸手可碰到天，江南小调让我看到人间的小桥流水，让我们很接地气；当我们唱《我的家在那松花江上》时，当庞龙唱《家在东北》时，我能听到的就是“我的家在中国”；当我们的《黄河大合唱》响起的时候，我认为那是我们民族在展现自己的钢铁意志；而《义勇军进行曲》将在我们的中华大地永远奏响，永远传唱。

我写了一本《音乐与人》，这是对音乐的感悟，对人的感悟。我觉得，音乐给予我的实在太多了。我热爱它，它也关照我。爱之深、情之切，它关照我也就格外深切。除了专门论及音乐的《音乐与人》之外，在我的许多著述里论及了音乐，它给我的启示、给我的灵感，几乎是取之不尽、用之不竭的。现在，我没有哪一天不哼几句的，音乐在我的生命之中，音乐在我的心灵深处。它给我的远不是知识，不只是视野的扩大，它还教给了我热爱什么、坚持什么、摒弃什么、憎恶什么，教我如何去爱、如何去恨、如何坚守、如何拒绝……音乐让我把整个世界（大宇宙）和作为小宇宙的人都放在心中，从而拥有无穷力量。音乐如此巨大且无可替代的作用，自然使我在任校长时高度重视音乐教育。音乐永远不老、永远青春，音乐之地永不荒芜、永远繁荣。

音乐与数学被认为是无需翻译的世界语言。很幸运，我与这两种知识都有缘。虽然我在音乐和数学这两大领域没多大作为，但音乐和数学大大帮助了我在教育学、管理学、美学、伦理学、阐释学方面的工作。音乐是感性的，但它的感性是插上了艺术翅膀的感性，是插上了想象翅膀的感性。正因为如此，科学家们感恩音乐家让他们也能插上翅膀飞翔。

世界之大，无奇不有；世界之妙，音乐为最；世界辽阔，音乐全在。无论你是何种肤色，无论你文化水平高低，无论你就职于哪一行，都有音乐与你相伴。

电视里，有专门的音乐栏目，如《开门大吉》《越战越勇》《星光大道》等，还有 CCTV15，即使是严肃的《新闻联播》也从序曲开始。从偏僻的小山村，到繁华的大都市，音乐无处不在。连五音不全的人都会哼哼唱唱的。为什么聂耳、冼星海、施光南、巴赫、施特劳斯、莫扎特、柴可夫斯基、贝多芬这些人能名垂青史？没有别的原因，只因为他们把人的心用艺术的形式表达出来了，只因为他们把天地日月、江河湖海连接起来了，只因为他们将天与人合在一起了，他们把天上人间的无比壮观描绘出来了。

有一首歌唱道："如果有一天，我悄然离去，请把我埋在，在这春天里。"歌曲常常是将人之情与自然之情连在一起的，春天里、时光里，是在"天"里，人去后还在"天"里。

中学时写作文，我曾写过这样的句子：春雪不拦路，却寒透了人的心。国文老师张国魂在我的这个句子旁画圈，从头画到尾。我想这就是情景相融。那篇作文肯定不只这一句，不过，其他的也记不住了。文章的好坏，很大程度上表现为自然而优美地把情与景融合。景是"天"的，情是"人"的。我们说这也是天人合一。这在音乐里、艺术里普遍存在着。

《黄河颂》里唱道："我站在高山之巅，望黄河滚滚，波涛万丈。"这写的是"景"。其后又唱道："我们要学习你的榜样，像你一样的伟大，坚强。"这写的是"情"。

《黄土高坡》中唱道："我家住在黄土高坡，大风从坡上刮过……不管是八百年，还是一万年，都是我的歌。"黄河、黄牛、黄土高坡（"景"），都是我的歌（"情"）。人们将无限的情寄托于无限的景。人总是这样自自然然地与自然融为一体，通过音乐把它唱出来。

施光南的不朽歌曲之一是《在希望的田野上》，这个歌名本身就是情与景的合一。施光南的歌特别有节奏感、跳跃感。这位天才的音乐家在49岁时回望了人间最后一眼，而他留下的音乐却永远回荡在人间。

聂耳，这位来自云南玉溪的天才为中国人留下了永远传唱的《义勇军进行曲》，并成了我们的国歌。“把我们的血肉筑成我们新的长城”，这也是情与景融为一体的美妙旋律。

《泉水叮咚》是一支十分优美的情歌。“泉水叮咚，泉水叮咚响，弹着琴弦，唱着歌儿流向远方。”这是一首爱情歌曲，亦是借景表情的。

“大雁听过我的歌，小河亲过我的脸，山丹丹花开花又落，一年又一年”，这是《信天游》中的词。这些词用音乐表达出来，味道就更深远、更优美。在人类的所有活动中，没有一桩事物的普遍性可与音乐相比。音乐跟自然科学一样，没有国界。

美声起源于意大利，民歌则存在于世界各国。德国古典音乐家代表约翰·塞巴斯蒂安·巴赫的贡献已超出了音乐世界。维也纳是音乐之都，那里的音乐节总能吸引世界的目光，显示音乐的力量。音乐的教育作用也是巨大的。M工厂为学生开出80门音乐课，3000多名学生修读，实在壮观，这也是M工厂的一项壮举。他们深知音乐的力量，这种力量是把艺术与智慧融合在一起而迸发出来的。古希腊“七艺”中就有音乐，而今音乐教育已存在于各级各类的教育中。

我能唱的歌有1300首以上，有一个音乐盒里面有2222首歌，我大部分都能唱。感谢音乐，它教会了我很多，让我看到一个更广阔的世界。

由于我明白音乐不可替代的教育作用，所以在任校长期间为学校音乐学院的建设和发展做了不少事。当年音乐学院的声乐教师、器乐教师，我几乎全都熟悉。最年长的音乐教授储声虹还曾教我如何发声。

我有幸写出了《音乐与人》，而碰到的困难比写《体育与人》大得多。好在我能经常请教颇有才华的从事音乐理论研究的吴春福老师，他常来打球，我便趁打球的机会请教他。

在念中学时，我就参加了武汉市汉阳区的合唱团。大学念书时，又参加了省大学生合唱团，担任男中音领唱。我所在的班还有一个男声合唱队，巫干文任队长。我对一支歌印象特别深刻，其中唱道："夕阳斜照东山坡哟，我们歌咏队唱起歌哟，唱得挑担的舍不得回家转，唱得太阳舍不得下山坡。"

音乐把我们与许多事情连接起来，由于音乐的独特作用，使得这种连接特别有力。音乐把历史与未来连接起来，把传统与现代连接起来，把我们与古人连接起来，把我们与天地日月、世界连接起来，把我们自己的情与意连接起来，将自己与故乡连接起来，让天与人一起在我们的心间涌动。这种连接的特殊性在于，它是通过旋律而表现的，于是，其情其景更能长留心间。儿时唱的歌，七八十年之后仍然记忆犹新，词曲连在一起，特别不易忘怀。

音乐伴我一生，我也伴音乐一生，绝对不可分离，临终时也会有哀乐低旋。我想自己作词应当没有问题，但很遗憾，我没学会作曲。在湘西的古丈爬五里坡时，我的灵感来了，哼过几句，但未曾想到要记下来。灵感这东西，不记下就会消失，再也找不到。

音乐、舞蹈一类确实是人与天地相连的最好形式，它们甚至可以引领我们去开发自己的智慧。舞蹈是空间艺术，音乐是时间艺术，它们填满了我们的时空，美化了我们的生活。人们创造了它们，它们又来帮助我们创造，提升我们的创造力。

人最早听到的音乐，应当是母亲的摇篮曲，由此开始自己的人生。人生路上又会有一片歌声相随。一路歌唱，唱过唐古拉山，唱过青藏高原，从世界屋脊飘向全世界。每个地方都有白天和黑夜，但音乐随着地球的转动而永不停息。当西半球安歇下来时，我们这里正歌舞升平；当我们安歇下来时，那边的歌声又会响起来。整个地球不会停歇，日日夜夜地歌唱着。不为别的，就为通过歌声而与天地日月一起与江河湖海齐声歌唱。

西藏人民生活在世界屋脊，他们感到自己是生活在离天最近的地方，修到了那里的铁路自然被称为“天路”。地理位置与信仰一起影响他们的生活。藏族歌手似乎都有一副天生的金嗓子。从早年的女歌手才旦卓玛，到如今的宗庸卓玛、央金兰泽、降央卓玛、扎西顿珠、索朗扎西、容中尔甲，等等。他们的歌像是从高原飘过来的，从天空飞来的，堪称天籁之音。

每个地方的人都歌颂自己的家乡，此类歌声自然具有地方色彩。珠穆朗玛峰和雅鲁藏布江带来的就是天歌，是藏族人民心目中的歌。所有的歌都是有情有景的，所有的诗也如此（除纯哲理诗）。景是属于大自然的，即上天的；情是属于人的，即人心中最玄妙的那一部分。故而，凡歌都是天人合一的。

我的家乡地处江汉平原，我的老家是天门，确切地说，是距天门城还有30千米的乾驿镇。尽管我在乾驿镇居住的日子不到半年，但它在我心中总是沉甸甸的。回天门之路，自然可以叫作“天路”了。但我自幼生活在湖北沔阳，那里已是我父母安歇的地方。不过我将天门、沔阳统称天沔大地。无论我走到哪里，都心系天沔大地。

无论从长沙还是从武汉回家，过了汉阳、汉川，就是一望无际的平原了，望着两边的绿色和清水，就无比亲切。但每每在梦中回去的时候，却是崇山峻岭、荆棘丛生的。不知这与回家心切是否有关，而特别盼望的事，在梦中特别难实现。

我十岁就离家了，每逢寒暑假回家，回到父母身边，生活在他们身边，就是生活在天堂。蒙古族歌唱家腾格尔唱过一首歌，歌名叫《天堂》。那个“天堂”指的就是家乡，我的家，即我的天堂。腾格尔在歌里把自己的家乡称之为天堂。而如果把视野再放大一些，黄河、长江即家乡，大江南北是一家，五十六个民族是一家，五十六个民族五十六枝花，齐声唱着爱我中华。

有一首歌，叫《九月九的酒》，歌中唱道：“走走走走走啊走，走到九月九，家中才有自由，才有九月九。”我们喜欢唱这首歌，除了因为它朗朗上口、节拍明快外，便是这支歌唱的是家乡情。黄土高坡是那样的荒凉，可是由胡月演唱的那首《黄土高坡》，从我国的西北飘向了欧洲大陆。为什么能飘扬到如此遥远的地方？正是因为音乐中有人们共同的心声，这是最易引起共鸣的。歌曲需要有词，而词则可因旋律而插上翅膀，飞向另一个大陆，飞到天涯海角。

我的祖辈、父辈，都生活在湖北天门乾驿镇。当年这里是三里七分街，街的一头是文昌阁，街中间有白马庙，街尾是太和殿。我父亲出生在距乾驿镇一两里路的地方，我母亲的老家则在距乾驿镇三四里路的地方。对姨妈家，我非常熟悉。从乾驿镇到姨妈的那条路，我在乾驿镇中学念书的那半年，至少来回走过十次。姨妈待我如亲生儿子，她是我永远的记忆，如同我的母亲。

不满一岁时，我随父母生活在湖北沔阳县淌口镇。后来，小学半年，中学五年半，我是在武汉念的。武汉也是我的家乡，特别亲切。18 岁时来到了长沙，至今已 63 年。长沙无疑也是我的家乡，我的天堂。

我们常思考，自己是从哪里来的，现在走在哪里，将要走到哪里去。实际上，这相当于思考：我们是什么，谁把我们送到了这个世界，这个世界又会怎样召唤我们。这是一些平凡的问题，人人可以思考，但又是不平凡的问题，连哲学家也未必思考得很透彻。

梦里，我无数次回到家乡，那里有我的童年、我的同龄伙伴，有我的父老乡亲，更有我的父母双亲，那里就是我的天堂，我永远思念的地方。

生前，故乡是天堂，湖北沔阳是天堂，浩浩长江是天堂，神州大地是天堂；逝后，这些还是我的天堂，是我的灵魂居住的地方。人去世后叫作升天了，去西天了，到另一个世界安家了。有没有天堂？怎么会没有啊，在那里，有最安闲的生活。

一栋房屋的正厅，叫厅堂。一个商店的厅堂叫大堂。管理大堂的那个人叫大堂经理。那一个世界也有个天堂，上天之下的堂，不就是天堂吗？这与迷信无关，也不是某一宗教特有的信仰，这是人与无常相联系的一种自然现象。既是想象的，又是现实的。家乡就是家乡，很现实；却又如天堂一般，实乃想象的。

情意是上天就给予了的，先天就有，后天还可发展。人把天之赋予好好珍惜，珍惜的最好方式，就是去不断地陶冶、锤炼、修养，而真效果大体上则是无形的。实际的行为可以折射效果，但行为主义者是倒过来看的，他们不是从情意来看行为，而是从行为来看情意的；或者说，是从有形看无形的。中国有知行合一的哲学。陶行知先生是这一哲学的代表人物，他的名字就反映了他的哲学观。中外哲学有相通之处。总体上看，人们大都倾向于动机与效果的统一论。

可否把理性与激情比喻为人的两翼？这两翼不是同时以同样的速度生成出来的，但最终还是在两翼的均衡状态下飞得起来，飞得更高、更远。激情属于非理性范畴。由此，也可以说，理性与非理性是人的两翼，它们可让人腾空而起，飞翔起来。

理性主义哲学家、教育家强调教育的目的是让人尽早获得理性。具体到课程，就是好好学习语言、文法、数学、物理、化学，以知晓理性、尊重理性、接受理性的指挥，理性让人成为人。其实，若没有非理性，人已不成其为人了。不知道哭，不知道笑，不知孝，不知敬，不知爱，不知情，不知思念和怀念，还是人吗？

从总体上讲，古希腊圣哲们创立的是理性主义哲学，但在他们的“七艺”中有音乐。音乐是感性的，是极为高档的感性，它是由非理性、情意凝练而成的。近代自然科学家在理性主义的信仰下阔步前进，但是，他们发现自己一点儿也离不开音乐家，是音乐让他们保持活跃的想象力，让他们飞起来而不致钻进死胡同。

音乐不只是歌，但歌一定在音乐中。通过自己唱的 1300 多首歌，我也在音乐之中了。从儿时就开始跟父亲学唱歌，如果稍稍努力一点儿，我的曲库里应当会有更多的歌。不过，这已有的 1300 多首就已教给了我许多。

——它让我的视野大大扩展了。

——它提升了我的自由想象力，让我的思绪从来不曾有过凝固或僵化，总飞翔着。

——它让我更会思念、怀念，从父母到先祖，从家乡到长江、黄河，到我伟大的民族。

——它带给了我无限情意，促成了我写诗，即使在学术论著里，诗意也会出现，让我的学术著作不只是严谨的，也是活泼的、跳跃的。

——当然，由于我对音乐的重大意义有所知晓，于是，在我的教育行动中，对其给予了充分的重视。

——这一切，还让我写出了一本我当时没有料想到的学术著作。《音乐与人》跟《体育与人》构成姊妹篇。我还计划让它们的兄弟姐妹更多一些，写出《教育与人》《哲学与人》《教学与人》。手头写的这一本，写的是“天与人”。

我似乎应是写出了上述这些著作之后再写《人论》的，实际上，唯有《体育与人》写在《人论》之前。不过，这也无妨，人太奇妙、太神秘了，可写的东西实在太多了。今后我之所写，都会是直接或间接与之相关的。我也就是在这条没有尽头的路上了，这是一条不归路。或者说，我将一直思考人，在非理性主义哲学之路上前行。

对于人的全面发展，至少有十种描绘。

一是身心发展，这是具有高度概括性的说法。

二是知情意的发展。

三是知行的协调发展。

四是真善美诸方面的发展。

五是德智体的发展。

六是每个人的个性发展，个性化即全面化。

七是每个人的自由发展，自由了，必多面。

八是由片面到多面，到相对全面。

九是发展是和谐的，就是全面的。

十是在知识上，要有文史哲、数理化的相对全面。即使在美学修养中也包含着全面的问题，如审美意识、审美修养、审美水平三类。

人的激情从哪里来？首先是从审美那里来。美感是让人热血沸腾的，理性是让人心神安定的。理性是清凉的，情意是热烈的，有热有冷，有炎夏有严冬，这才是生活，这才是多彩的人生。全面不一定多彩，多彩一定会全面。

理性主义哲学家、教育家容易忽视人的非理性发展。倒是非理性主义哲学家、教育家们在重视人的非理性发展的同时，并不会忽视人的理性发展。后一类的哲学家、教育家重视人，亦必重视天；前一类哲学家、教育家则重视天而不容易以更深的情感看重人。所以说，即使是天才的康德，在他进入教育学领域里，也很难像他在理性主义哲学上那样大放光彩。他照耀人间的，是理性主义光芒。

以古希腊理性主义哲学为计，非理性主义哲学的正式出现晚了 2000 多年。一方面，我们可以认为，人类还来不及系统地研究自身；另一方面，人对自身的研究也特别困难，比对上天（大自然）的研究困难十倍百倍。然而，人类就是大自然的一部分，人在其内，并非真我；可是，这一部分又是大自然中最神秘的，这实在是一个令人匪夷所思的问题：人认识大自然所缔造的自己时，路程艰辛而漫长。不过，事实已经表明，会有前赴后继的人坚定不移地思考和研究自己。他们不抱完全认识自己的幻想，却怀抱不停地探索和研究自己的理想，永不回头地走在一条没有终结点、充满阳光又不乏阴霾的路上。

人类不会放弃对自身的思索。还正因为没有尽头而令我们可以走得无限远。由于不甘心未能全面知晓自己，所以永远不会停下脚步。因为不甘心，所以不会失去信心。不是相信有终点之日，而是相信自己知晓的越来越多。这很可能是最考验人类耐心和智慧的问题。虽然上天给了我们这样一大难题，但它是在缔造人之同时就出了这道难题的。因而，我们在无限感恩上天的同时，也要投入对这一难题的研究中，用我们无限可能的智慧去研究。

第七节　天性

天性与人性是一回事吗？人性是上天赋予的吗？不是上天又是谁赋予的呢？某些词典把“人性”解释为一定社会、一定历史条件下形成的品性。这似是同义反复性质的解释。社会是人生成的，人决定社会性，社会只是对人有一定的影响，但人之为人就在于把握这种影响，教育、引导人去认识和把握社会可能的影响。历史是人的历史，同样，是人决定和书写历史，把人性说成历史决定的，也是一种本末倒置。夸大社会和历史对人的作用，是一种近乎目中无人的哲学。

在我看来，人及其人性是上天赋予的，因而，人性实乃人的天性，天性在人身上表现为人性，此乃与人合一的一个实质性的极其重要的体现形式。人性论曾在我们社会有过长期的争论，其中有一种论点是：人只有阶级性、社会性。

哲学上，关于人性的不同观念却存在着。比如，人本善，还是人本恶？人天生懒，还是天生勤？勤的人多，还是懒的人多？如果勤的人更多，何以会有懒乃人之天性说呢？

有些国家认为人本恶，至少把“人本恶”作为一种假设了，而且认为这比“人本善”的假说更好。于是，在人本恶的假设下，对权力有独立的监督；事实似乎证明，在这种假设和采取的相应行动之下，社会运转得较好、较有效、较健康，真的有了较强的自我调节能力。

以上的不同假设似乎包含了功利的想法，但科学和功利一致吗？不一致时听谁的？我本人的一个原则是，把学术问题与政治问题区分开来，而我这里仅限于学术讨论。

现在来讨论一下人本懒还是人本勤的问题。依我个人之见，本人持“人本懒”的观点。

勤是经训练而来的。好吃懒做，会受到许多限制。因为天性懒，所以人们发明了车辆，以车代步。因为懒，所以连乞丐也有人愿意做。因为懒，所以衣服也不要纽扣，用头钻进钻出就够了。因为懒，所以有了“啃爹”的人。

有些人现在看来很勤奋，其实也是训练出来的。最初多少带有一点儿被动，乃被父母所要求，被自己去约束，久而久之，就主动了，就无需约束而勤奋起来了。

有“天道酬勤”“功夫不负有心人”之类的说法。如果人本勤，何苦还要天道酬之？酬乃奖励，之所以奖励勤，就是因为懒不好，就是因为克服了懒的天性，就是因为后天生成的勤更珍贵。

许多经验性的知识需要加以辨析。比如“晴带雨伞，饱带饥粮”，提醒人不要偷懒，晴也带伞，饱也带粮。现在由于人本懒，就想出了许多办法，许多条件也改善了。当然，懒一点儿，关系并不大。例如，坐在汽车里要伞干什么？停车场又有雨棚。再说饱带饥粮，现在到处是餐馆、饭店，带什么饥粮？连钞票都不必带，有张卡就够了。

如果真有“天上掉馅饼”，那正合人天性懒的天性。正因为天上掉不下来，所以还得种地，不然就只有等着饿死了。当然人们不必都去种地，干别的活也行，挣了钱到农民那里买粮就是了，或者拿着钞票上餐馆。但不管怎样都得勤，不勤哪儿来的钞票呢？

我自己天生懒吗？既然我持人天性懒的观点，当然我也不例外。小时候，父亲要我到十里外的地方去接姑妈过来吃饭，我很不情愿，抱怨为什么不让弟弟去？念中学时，我懒得背书，结果历史课没考及格。现在我整天穿着球鞋，上课也懒得穿皮鞋，懒得因穿皮鞋而常常要擦皮鞋；因为懒，所以穿衣也使用最便捷洗换的，如此等等。

爱玩是人的天性吧，玩最轻松，不费力，正适合懒一点儿。爱玩或许是懒的天性的表现形式，不过，要玩出个名堂来，亦必克服懒。打篮球的人，练习投篮，一天要投几百次，上千次。这不是勤吗？要成为篮球明星，能养家糊口，不吃苦怎么行？有几人成了明星？这虽与天分有关，但天分亦需勤才能挖掘出来。勤奋不一定出天才，但天才必须有勤奋。一万个勤奋的人中，未必一定出一个天才。

很少人不相信我本性是懒的，认为我出那么多书，教那么多课，还懒吗？殊不知，这是一个漫长的过程、习惯的过程，自然还包括了人生觉悟的过程，最后悟到不勤奋就对不起父母、先祖和自己的民族。幼小时候的表现更能说明问题。那时候，我是特别爱玩的，游泳、下棋、打麻将、玩纸牌都来。中学以来，除历史没考及格过以外，其他科目的成绩，直到大学都还可以，但那也是花了很多功夫的缘故。

还有，我十岁时就离开了家乡，先是在武昌念中学低年级，后去汉阳念中学高年级，若自己不做一些事，怎么混得下去啊！或许，我的天分还不差，加之有很好的老师，所以成绩并不差。高中毕业后考大学，没有做专门准备，虽然未考上第一志愿华南师范大学，却也考上了湖南师范大学（当时叫学院）。

父母早早让我独立生活，也使得我懒不下去。回想当初，真是懵懵懂懂过来的，哪里知道什么明明白白地下功夫，哪里有多少自觉的勤奋啊。我真正的勤奋，可能是始于教书之后。此时，教育责任作为我主要的社会责任担在了肩上。误人子弟这种事能干吗？这样，把自己与教育及社会联系起来了之后，才有了较为自觉的勤奋。“四十而不惑”，我的幸运还在于“不惑”之年恰遇改革开放的好年代，并且社会不断地将一些使命放在了我肩上，不容我辜负这种使命。实际上，回首这个过程，这种自觉确实是在自己与社会、教育的交往中获得的。

有人说我很勤于写作，其实，若不是觉得有味道，哪能那么勤啊？说得俗气点儿，若不是觉得好玩，哪能坚持啊？眼睛也越写越近视了，颈椎疾病也越来越严重了。我甚至认为，若真有一天我眼睛失明了，那我会认为是自己的眼睛光荣退休了。

每天写作跟我每天坚持打球在性质上有一致之处。若不是觉得打球好玩，怎么会坚持?

我既淡看人生，又重看人生。淡看者，人生不过百年阳寿，它终要过去的，生死必然相依。重看者，父母和上天给了你生命，不重看对不起上天，对不起父母啊。重看是需要觉悟的，不是与生俱来的，这要靠体悟，要体悟人生，体悟自己与天地之间的关系。浑浑噩噩过一辈子的人也有。教育就需要好好提醒人，浑浑噩噩、挥霍时间是最大的不孝不忠。父母在上，苍天在上，不忠不孝是要遭雷打的。

“人本性懒”，这只是我个人的一个假设。“懒”只是一个静态的说法，人的基本特点之一正是可变、可生长、可发展，可通过自我意识去自我调适。究竟什么样的方向适合自己去发展，也不是一下子就可拿准的。

《三字经》有言:“人之初，性本善；性相近，习相远。”这里的观点虽说是“性本善”，然而是在“人之初”的；在“人之初”才“性相近”，通过学习、练习、操习后差别就大了，相差就远了。这恰好是一种动态的说法。先人用极精练的语言描绘了人的一个发展过程。

第八节　天窗

依我看，依我想，一个人做了一门学问，就是开了一扇天窗；学问做得大，天窗也更宽敞；学问做得深，通过天窗也看得更远；学问做得精，天窗也更漂亮。一般而言，人类是通过文化而打开天窗的，有种种的文化、种种的天窗，人就心明眼亮了。

旧时，房屋有门有窗，自然采光，屋顶上用透明瓦，叫“亮瓦”。屋门大开，代表吉利。中央电视台三套每周一有个节目，叫作《开门大吉》，很受欢迎，我每期节目都看，从中可以学到许多音乐知识。很惭愧，该节目总共八扇门，我一般只能开两三扇门，但多数的猜歌者可打开四五扇门，能打开六七扇门的也不多，近期还没见过把八扇门全打开的。有时候，我为自己能唱一千三四百首歌曲而高兴，但每每看了《开门大吉》之后，就不会很得意了。我十分乐意看这一类音乐节目（还有诸如《越战越勇》的音乐栏目），这不只是娱乐，还可扩充眼界、增长知识、陶冶情操，知道天外有天。

上天是否可为人们打开天窗，就看他们的造化了，要看他们打开天窗的运气和本领。在上天那里有无数的秘密，亦有无数的天窗等着人们去打开。它平等地对待每一个人，只待他们自己去努力，自己睁大眼睛去观察、瞭望。上天愿意眷顾每个人，它所隐藏的那么多秘密，就是留给人们去揭开的。如果把这一揭秘看作一个过程，那么，这也是“天人合一”的过程。

那些最有学问的人，也可以说是最善于打开天窗的人；那些学问做得深的人，必是透过天窗看得更远的人；那些学问做的门类很多的人，亦必是打开了多扇天窗的人。无数的天窗，等待着无数智者，等待他们通过自己日益增强的眼力去打开。

自然科学是在人与大自然对话的过程中产生的。人文科学是在人与人对话中而产生的。社会科学亦必是在人与社会的对话中产生的。乃至，儿女的智慧也是在父母与他们的对话中生长起来的。优秀的教师，也当然是常与学生、善与学生对话的人，并且会引导学生去与天对话、与人对话、与社会对话，还与自己对话。

一个人精通了某一门学问是很难的，在我看来，每门学问都会是一个无底洞。如果不小心掉在了洞里，就特别需要防止自己坐井观天，那样，所看到的将不是天窗，而是一条小缝隙。这里也就出现了一个问题：怎样才算看到了一扇天窗？有没有一个标准？没有的话，我们自己可否立出一个标准来？我想，任何人都可以立一个标准，但有没有客观标准呢？既然是由人去兴、去立的，就必具主观性，其客观程度也只能是由较多的客观认定所表现出来。

我本人立一个标准吧。如果把一门学科比喻为一扇天窗，那么，在这一领域若有一部专著，就算有了一扇天窗。如上所言，这只是我个人主观所立的标准。很可能，所立的这一标准对我有利，但我没有那么小心眼儿要立一个有利于自己的标准。至少，在这一标准面前人人平等。不然，就应当换一个，另起炉灶。

我之所立者乃有一部系统的学术著作。达此标准者即可谓开了一扇天窗。同一问题或同一领域若有两本、三本著作，则可能只算把这一扇天窗开得更大、更宽敞了。

比如说，我关于高等教育哲学的作品已有三部，但这只能说我把这一扇窗打得更开，向窗外望时天地更宽阔了。这三部高等教育哲学作品，分别写于2004年、2010年和2018年，都是有感而发，这反映了我对大学认识的一个深入过程。

有过宇宙大爆炸、物种大爆炸、知识大爆炸，在我身上也发生了一个“大爆炸”，这就是我在靠近古稀之年的这14年里，我的学术著作井喷式地出现了。当我自己回头看时也吓了一跳：怎么出现了一个自己也能听见其声的“大爆炸”啊！

数理科学是年轻人的科学，而人文科学则是成年人、壮年以上人的科学了。似乎人文科学更需要厚积薄发，要花长长的时间去领悟人生。数学家中，以伽罗华和阿贝尔为例，他们显现其天才之时，一位是19岁，一位是22岁。在人文科学、社会科学领域有如此年龄的天才出现吗？康德无疑是天才，是巨星，他的主要著作都是出现在50岁左右了。黑格尔也是巨星般的天才，却也不及伽罗华、阿贝尔那样年轻时就成

"家"了。

用我们这里的术语说，便是数理科学家们打开天窗的时间较早，而人文科学家们则较晚。

我本人是由数学领域升为教授的。但一千个数学教授中不一定有一位数学家，一万个中不一定有一位可称得上数学天才的。我不在一千个之列，更不在一万个之列，我最怕有人喊我"数学家"，尽管我也写过几本数学书，但都是小打小闹的东西，登不上大雅之堂。好在数学界没有也不可能有人这样称呼我。每次听到有人喊我"数学家"时，我必出来澄清，我距数学家实在太远了，不能以讹传讹啊。

我所写出的著作涉及十个以上学科。这样，也可以说我为自己开了十几扇天窗了。这给我的实际感受是，我的天空确实更为辽阔了。当然这只是一个结果，在这个开窗的过程中是不会想那么多的，唯一做的是睁大眼睛去看，放飞思绪去想。

每个人都可以为自己创造天窗，这靠自己的手，靠自己的眼，更靠自己的脑。天地太辽阔了，世界太广大了，人间太美妙了，天窗内外，灿烂辉煌，我们立于其间，不看个究竟能甘心吗？当然教育的使命也就在让人拥有天窗，并透过天窗与世界融在一起。我任校长期间修建了天象馆、天文馆，这是直接观天的。其实如我们已知的，通过音乐、数学、物理、化学、生物学、文学、史学、哲学及众多的学问都是多了道打开天窗的途径，或者说，这些学问本就是天窗。

我本人常说"上天"一词，如说"上天把所有的秘密放在了人身上”。这里的“上天”指的是大自然。人有无数的秘密，无穷的智慧是其秘密的集大成者。并且，我们无法解开上天所赋予的所有这些秘密，只能部分地解开，而且还一定是很少的一部分。我于 2015 年出版了《人论》一书，写了一个最富挑战性的课题。人不去挑战谁挑战？我在人之中，我也得问自己，该不该挑战一下？我本人至少心有不甘，一辈子为人，能不问问自己是什么吗？我也不讳言，正因为自己挑战了这一题目，并格外用心了，把可能的智慧凝聚于此书之中了，也就认为《人论》是我最得意的著作。这也算是我们大家来呼应苏格拉底这位圣哲所言的“认识你自己”吧，此话跟“认识人自己”相差无几。为什么以研究人为中心的非理性主义哲学，较之理性主义哲学晚很多呢？原因之一可能是这一哲学更困难。

第九节　天才

现在来论天才吧。天才是从人才中来的。当我们说“某某是个人才”时，谈他“有才”时，他多少有点儿与众不同，很有才华了。人才距离天才还有多远？很杰出的人才是不是天才？什么叫“杰出人才”呢？这跟“天才是什么”乃同样性质的问题。不过，人的认识一般不是从概念出发的，甚至知道了某个词、某个概念，也不一定以其为出发点。我们也不必在“杰出人才”“天才”这些概念上纠缠。

我觉得自己是站在地上的，是从地里走出来的。这都只是个说法，天地相连，把天才说成地才，仅仅是开个玩笑而已。只要保持清醒，天才也好，地才也好，丝毫不必在意。在这个世界上，所有人都是走一趟，好好走就是了，到了天堂对父母有个交代，对教育过自己的老师有个交代，也对好友有个交代。其实，这一切都在于对自己有个交代，对自己的良知有个交代，自己交代自己。但到头来，还是什么也无需交代，只需在仰天一笑时，觉得自己与天在一块儿就够了。

人最要紧的，是早早摆脱浑浑噩噩、饱食终日、无所事事的状态，早早明白时间是什么，生命是什么。即使为了养家糊口，也要把家治理好。如今“糊口”已不难了，吃饱了还要想着这时间该如何打发？这生命可否增值？说不定自己还真是个天才呢，但天才而无需勤奋的人极为稀罕。为了可期，千里之行，始于足下，是期待所必须的。

人不可能在任何领域都能成为天才。有“干一行，爱一行”之说，也有“爱一行，干一行”之说。实在没办法爱得起来了，就转行。走路，尤其是陌生之路，是需要有试探的。好在现在的社会给人选择的机会多起来了，觉得有自己更可能取得成功的领域，就去试一试。念高中时，我和几个好同学是打算学文的，那时候，我就写过诗歌、小说。1955 年，有一个“向科学进军”的口号，这里所说之“科学”，主要还是指工程科学、技术科学。在检查身体时，发现我色弱，跟色盲一样，什么工科也不能学，物理、化学、生物也不能学，只能学数学。这是歪打歪着，并非歪打正着。1982 年后，真是歪打正着了，我转入了教育学，进而转入了哲学。这样，我转到了以人为主要研究对象的非理性主义哲学，而不是古希腊以大自然为主要研究对象的理性主义哲学。在这一条哲学道路上走了一截之后，称我为“天才”的声音才出现的。

曾有五位博士联合翻译我的《人论》。这表明他们认可该著作的学术价值。但是，很遗憾，他们没有坚持下去。后来又有孙俊三的一位博士蔡明山着手翻译此书，结果仍半途而废了。现在有我们的一位博士文兰芳提出自己来翻译，动笔时告知于我。我随即将以上半途而废的事例告诉了她，她闻后更坚定了。我大儿子的英语达到了同声传译的水平，我建议文兰芳必要时与我大儿子合作，她信心因此而更坚定了。

大学时，我学的是俄语，大三时就能阅读数学的俄语论著了。30 年前，我开始自学英语，也只达到了阅读专业数学的水平，离一般的汉译英水平还差很远，距离用英语写作就更远了。因此，我无法给蔡明山、文兰芳等人帮上什么忙。

对于天人合一，这不只是我们的一种哲学信仰，而且会有我们一系列的行为。知晓天，理解天，研究天，尊敬天，靠近天，爱护天……这是一种很高的觉悟，还需要很多的知识，包括地理知识、天文知识、环境知识、伦理知识……当然，这不完全是知识的问题，有伦理知识的人，未必有很高的伦理道德水平。

社会不只是人与人之间的联合，一个好的社会还应当是对人与天的关系有充分理解，并且通过自身建立的一些机制有利于人理解天，天顾及人。这样，社会就成了天与人合一的一个纽带。故而，社会需要有自身的建设和发展。

许多人是通过环境去间接理解天，与天联系的。直接接触的是环境，由地通天。

环境伦理或生态伦理，是通过人对环境的认识、理解和行为间接体现对他人关系的。一般伦理是直接指人与人的关系问题，环境伦理则是间接地折射人与人的关系。这样，环境伦理学成了古代的伦理学滋生出来的重要分支。这也是由于今日人们的各种活动（包括各种经济的、科学的、文化的活动）带来的环境变化，使人意识到、觉悟到了伦理的当代意义，伦理学面对的一系列新课题。

有自然环境、人文环境、社会环境这样三大类，它们都应当在我们的视野之内了。相应地，就有了不同类别的伦理学问题。环境伦理的诞生，主要还是受人们对自然环境及其变化的认识而产生的，两千多年前的伦理，主要是指人文的生态伦理问题，毕竟是社会发展中新产生出来的问题，社会伦理也与社会结构的日益复杂有关。这样，在古代伦理学的内容是相对单一的。并且，伦理学在古希腊人心目中，是属于哲学这一领域的。

第十节　天命

相信天命与迷信不是一回事。事实上，人有不同的命运，而常事又与天联系起来。知天命是一件十分容易的事。这是将自己与天联系在一起了。古人云，三十而立，四十而不惑，五十知天命，六十为花甲，七十乃古稀之年了。

如今，教育比较发达了，不必等到四十岁才不惑。至于“立”，那要看从哪个角度考察。如果是指成家立业，现在早婚的现象很少了；还没谋个业，怎么养家？社会越发达，早婚现象越少，并且，要求就业者接受教育的程度也就越高。你能不能从事某个行业，还需取得资格证。我们教师也不能误人子弟，要有教师资格证。现在许多行业都要有资格证，像工程师、律师、调料师等都需要资格证。

如今，也不必到五十才知天命了。大学毕业，直到把博士帽戴在头上，接近五十岁的人也很稀罕了。现在，在四十岁左右即可完成博士阶段。如果是学术博士、哲学博士（Ph.D），那么，他们所看到的天地更辽阔，眼光也更深远，势必更懂得一个人的命运是可以握在自己手中而不被外界所左右的。在他们看来，或许也有天命，但他们与“天”进行讨论的能力也更强了。由此再推断他可能碰到什么，可能期待什么。

何谓天命？一解为：天给人授命，天所下达的命令；二解为：人所领悟到的天意。

我常常扪着心仰望天空，听来自大自然的声音，也听人间发出的各种声音。这两种声音事实上是连在一起的。当然，我总希望听到人们的笑声，但同时又不得不听到哭声。我容易被笑声感染，更容易被哭声感染。每当听到小孙女的哭声时，就如地动山摇；无论做什么事，我都会搁下来去看看她。当然，她现在是过着幸福的童年，经历一些风吹雨打，给予一些坎坷是必要的，对她太娇惯了并不好。哭哭笑笑，乃人间常事，但哭与笑给人的感觉，差别还是很大的。从哲学上看，它们本是一体的，然而，哲学并不是冷冰冰的。

“笑一笑，十年少”，笑口常开的人衰老得也慢一点儿。哭一哭，也很酷。不仅自己的孙女，而且别的小孩的哭声，也能震撼我。我见到大人打小孩时，只要有可能，我一定去劝阻。“棍棒底下出人才”一说实在太荒唐，也太残忍了。教育（家庭教育或学校教育）中，任何形式的体罚，包括变相的体罚，都是反教育的行为。

“男儿有泪不轻弹”，我觉得这并不是男儿的优点，而是意味着男儿的情感不如女儿。我自己暗暗流泪的时候有一些。比如，1976 年元月，我在湖西泸溪东广寨，听到了周总理去世的消息时，就泪湿枕巾。在看到一些人的苦难时，我也有过黯然泪下。1955 年 3 月母亲离世的消息，是让我放声大哭的一次。至今，那都是刻骨铭心的。每每想到父母经受的苦难时，我就立即想到，有比我父母更为苦难的同胞。

今日的中国，情况已大大改善，老百姓的日子越过越好，幸福就在人们身边。但是，悲欢离合、生离死别是在任何社会里都有的。正像风和日丽、电闪雷鸣都有一样，多样性才是生活，多样性才是世界，才是生命力之所在。

在经历的苦难太多了的时候，有的人就认为自己命苦。其实，命运并不捉弄人。社会应创造更好的条件，让人有更好的条件，让人有更好的环境去跟苦难抗争。能像王洛宾那样把苦难也视为一种幸福，那实在是不容易。那是一种极高的境界，也是一种美妙的人生之道。有一首由叶倩文演唱的歌《潇洒走一回》，唱唱这首歌，可能会让我们更坦然地面对生活，面对人生。从社会学的角度看，发展经济，提高生产力水平，这是根本或基础。有了繁荣的经济，民间的苦难会少很多很多。

五十知天命，这实在是太晚了。今日的教育如此发达，当可让人三十就知天命了。学校里可否开设一门课《论天人合一》，让大学里的本科生也能研习？这样，二十几岁就可大体知晓天命了，知道自己与天同在，知道自己生活在天底下，明白自己与天的一致性、和谐性。

第十一节　天赐

人类不能向大自然有过分的索取，人类受恩于大自然但不知感恩大自然，那就是人类的悲哀。古人早已知道天人合一，今人为何反而不知了呢？

上天赐予我们的，实在是太多了，几乎是应有尽有。论吃的，五谷杂粮，蔬菜果香；鱼虾满堂，鸭肉鸡汤，肉食香肠，牛肉土豆，小事一桩；牛奶豆浆，穿肚过肠；萝卜白菜，源远流长；鱼米之乡，堪比天堂；烧饼油条，咸淡适当；一年四季，千奇百样；每日坚果，助你健康；花样百出，可供欣赏；一壶老酒，饮用适当，不可过量；饮食终日，无所事事，愧对爹娘；面对天赐，多多思量。

上天赐给我们吃的、穿的、用的，一应俱全。昔日穿的是粗布大褂，昨日穿的是绫罗绸缎，今日，还是觉得棉衣棉裤穿着更舒服。如今，已不必由母亲在棉油灯下纳鞋底，做布鞋了。11 岁那年，在武昌读书时，二哥为我买了一双蓝色球鞋。至于皮鞋，也早已有了，但我绝少穿它，唯有十分特别的场合才穿。我累计穿皮鞋的时间，一生也不会超过 40 天。与此同时，西装革履的穿着时间也不过如此。

至于行的，小时候父亲带我从沔阳走路到汉阳的长距离步行，早已没有了。做校长时出公差都有车坐；卸任后自己也买了车，以车代步了。不过，我每天打打球的习惯至今还坚持着，手脚动得太少的话，可能衰退得早，衰老得也早。

至于住的，如今早已不是计划分房了。在我任校长的头5年里还是计划分房的。根据各种指标打分排队，从高分到低分依次选房。有一年，全校打分排单，但我立即宣布不参与分房。在任校长、书记长达18年的时间里，我住的从来都是当时学校的三四等房。如今我们家的住房可能在学校教职工中算第四五等以上了吧。好汉不提当年勇。对于吃穿用的这些事，我只是说说而已，上天赐予我的，我也不能一概照收不误。如今我家所住已足够舒适了。知足常乐，在物质生活领域是必须有的心态。永不知足的，是精神生活方面，是在学术上，把学问做多大也不会知足的。实际上，我在物质生活上的那些往事，真是不足挂齿。人不能只从大自然索取，也需要有给予，对大自然不能只是感恩，也要有回报。每个人可以用不同的方式回报，多少为这个世界添一点儿东西，在这世上走了一趟，总要有几个脚印吧。

上天给予我们的最珍贵的恩赐，是给了我们意识，给了我们神奇的头脑。若要对得起上天的赐予，就要充分运用自己的头脑，如此，才不枉对上苍。人不在于活多久，而在于怎么活。活一百年都无所事事，可能比不上活十年而用心、用脑做几件像样的事来。要摒弃浑浑噩噩，活得明明白白。我觉得不必将“做一天和尚撞一天钟”作贬义的理解，我就如同一个虔诚的和尚，每天撞着钟，首先是让钟声提醒自己。如果钟声嘹亮，能警醒世人，那就是意外的收获了。

每个人有每个人的生活方式，因而必然具有多样性。生物多样性是生物活力的表现；生活多样性是个人生命活力的表现；世界多样性当然是世界活力的显现。多样性从何而来？世界多样性从宇宙大爆炸来，物种多样性从物种大爆炸来，知识多样性亦从知识大爆炸来。自己如何拥有多样性？那就让自己有个大爆炸吧。有一个能量聚集的过程，好好繁殖，终有一日迎来大爆炸。

时间是什么？这是一个大问题。生命是什么？这是一个哲学问题。凡人，非凡人，都是可以思考的，因为这个问题与世界有关，与我们每一个人都密切相关。

你珍惜时间，就是珍惜生命；你挥霍时间，就是挥霍生命。你明白时间的意义，就研究懂得了生命的意义。这些话说起来简单，道理也简单，但是，真正懂得并深切地理解，并不是简单的事情。

一棵树的生命是什么？亦是属于它的时间，千年古树亦是千年时间或千年生命。一只小鸟的生命是什么？也是属于它的时间。所不同的是人能明白时间与生命的关系，而小鸟、树木不明白。人不仅这样理解自己，也这样理解树木、小草、小鸟。人能自觉其人、其时间、其生命。

地球也是有生命的，那依然是属于它的时间。宇宙亦然，它的生命亦表现为它的时间。

这样，我个人就不会平白无故地去耗费时间。当然，我不可能在幼小之时就明白这一点，甚至到了念大学的时候，也根本没考虑过时间与生命的关系。哪有那种先知先觉啊，哪有那种青少年时期就能出现的大彻大悟啊！实际上，是后来对哲学的研习才让我明白了一些大道理，由许多小道理逐渐积累而来。

我之所图，谈多也多，谈少也少。少到可以只有一点：不辜负上天所赐予我的时间。

现在说粗茶淡饭已不切实际，但我也拒绝大摆宴席，这样既浪费食物（一般都说小气），又浪费时间。朋友在一起聚一聚，吃个便饭，也就够了，饭桌上聊聊天即可。这只是一种联络方式。我们有一个传统节目，即在每年的 12 月 31 日，与易建华、王沛清、赵尚志、张国骥、蒋冀骋、马卫平等人在一起吃一餐便饭，也算是在一起辞旧迎新。在这个聚会上，还有一个必不可少的节目，即我把自己这一年出的新书，分赠给他们。

上天恩赐予人的一种特别表现就是：天赐良机，天赐良缘。明白上天赐予了我们什么并不容易，这需要时常跟上天对话。它赐予了我们什么良机、什么良缘？还有没有准备让我们经受挫折乃至磨难？这都需要我们去领悟，并且作好各种各样的准备。对于未来的路，宁可想象得艰难一些，即使在顺境之下，也对逆境作一些设想，这样，成功的可能性就比较大。

关于机会，至少在起点上，上天赐予人的不会有不同。换句话说，上天对大家是平等的，但平等的是最初的机会。还有新的机会、新的良机，要靠自己去发现，要靠自己去创造。如果命运不好，不必怨天尤人。相信上天的公正。人都是它的臣民，它没有必要去偏袒谁。

第十二节 天真

人本善，还是人本恶？这是有争论的问题。

人本勤，还是人本懒？这也是有争论的问题。

人本真，还是人本假？这是没有争论的问题，人与生俱来就真，特称之为天真，上天赐予之真。

小孩子最能代表人之天真。一个小孩去接电话，来电人问：你爸爸在家吗？他回答：我爸爸要我对来电人说他不在家。还好，他爸爸不仅没怨儿子，还拿过电话来向对方道歉：这不怪儿子，只怪我；儿子的天真我得在自己身上找回来。

小孩子不会说谎的，他们天性如此。若说谎了，那一定是被引导的、被迫的。上面所说便是一例。还有一例，儿子回家，父亲问今天考了多少分？若只考了85分，就要打手心。儿子就只好说：得了90分。出去玩什么了？若是玩泥巴去了，也要打手心。儿子就说上图书室去了。如此这般，无需很久，孩子的天真就会消失了。

或许是父母，或许是教师，不小心损伤了小孩的天真。此实乃一不幸。真话不一定都是顺耳的。忠言逆耳，真言有时也逆耳。这就看听者的修养了。无论顺耳还是逆耳，只要真，就用心倾听。假若不如自己之所意所料，只要真，就平等对待；若有不如意的，就细心地建议，还要有耐心，不惧一而再，再而三。

保护好青少年的天真，是父母和教师的义务。“真”是一切的前提。第一步真了，第二步、第三步出了问题，原因就只需要从第二步、第三步去检查了。“真”了，人际就不必有猜疑、有戒备了，彼此就没有了隔阂，彼此就可以打开天窗说亮话了。学生或小孩是有沉默权的，教师或父母需要尊重。唯一没有的权利就是说谎话。这是不能越雷池一步的，这是红线、底线。这首先是教师和父母不能说谎话。

“真”是根本，由此出发，才有真诚、真挚、真心、真爱、真切、真实、真理、真谛、真确、真情、真意、真相、真率……还有“真人”一说，难道存在着假人吗？并不是除了真人就只有假人。假人大约是已不像人的人了，或者他自己让自己失去了人的资格。做一个真人，这是起点，由此，做一个真诚的人、真挚的人、真心真意的人、待人真诚的人。由此，自己就可以成为一个越写越大的人。依然是真，可是真的内容更为丰富了。一切都从真出发，人生就可以变得更为灿烂。

这一切都在于保护和发展好儿时就拥有的天真。人与天合作，把天真贯穿于一生之始终。永远真诚待人、待天、待地、待日月。

我有句格言：真话不一定都说，但说出来的一定是真话，他人有权利知道的话一定要说出来（他人的知情权）。我可以扪心自问，也可以无愧地说：自己践行了自己的格言。人间还有例外，叫作“善意的谎言”，比如，医生对患了胃癌的人说“你患的是胃溃疡”，以此来避免患者过重的心理负担。这类例子不少，却也还是要慎重运用的。

我真诚待人，并不以他人也真诚待我为前提，我的真诚是无条件的。我自然而然地领悟到人之天真是上天赋予的，虽然久已告别了天真的少年时代，却没有告别少年时代的天真，现在还可以说永不告别了，我会把真诚一直带进坟墓里去的。愿人间真情永在。

李盛华老师对我教育最多，对我影响最大，而他本人，除了一直站在数学的最前沿外，在我看来，他还保有了人类应有的天真，因而能坦然面对一切。他在 93 岁高龄才谢世，这与他宽阔的胸襟有关。他是一位真正的学者、杰出的学者。

有一句话很起作用：一切向前看。回首历史，却不能纠缠于历史。我觉得自己是做到了这一点的。对历史甚至应当去深入研究，但仍然是为了未来。以史为鉴，可让未来走得更好。从这一点看，历史确实是十分珍贵的，由历史点亮未来。

吃一堑，长一智。哪有都顺当的事啊！一帆风顺只是人的一种祝愿。若真这样想，那就有点儿天真了。人保有天真的方式之一便是保有对挫折、坎坷的必然性的认识。“太天真了”也有问题了，问题就在于那个“太”字，对于天之定数悟得还不够。

我已八十岁出头，但有返老还童的感觉，还是那样无忧无虑，还是那样天真，不过，这是经过了岁月洗礼的天真。我不仅得有对人的真诚，也得有对学问的真诚。在书桌旁，我真诚地做学问；在讲坛上，我真诚地面对学生，真诚地跟他们讨论；到了球场，我真诚地跟球友开玩笑。当然，我不会有半点儿虚情假意。

“天真无邪”一词中“无邪”这两个字似乎多余。“天真烂漫”一词中的“烂漫”不也多余了吗?“有邪”还天真吗?天真能不烂漫吗?这可能只是修辞问题。“铿锵有力”，既“铿锵”了，能不“有力”吗?“优柔寡断”,“优柔”了，但不“寡断”吗?这都是修辞上的讲究。

保有了天真，就是保有了做人的资格。我几经磨砺，但仍保有天真，似乎还发展了天真，让我对天真本身也有了不少体悟，并且由体悟而发出议论。人在问自己的时候，最好不要忘了对天发问。你的“真”是千万不可丢失的，一点儿也不能丢失，那是上天给予的。否则，那就是对天不敬。我能够感觉到自己的日子过得坦然，不苍老的原因之一就是我与天真相依存在。

第十三节　天书

我们读的书，都是人写的。天书是谁写的？按字面的理解，那当然是上天所写的书。可是，上天是怎样写出来的呢？用的什么笔、什么墨水、什么纸？对这些问题，我们是找不到答案的，否则，怎么叫作天书呢？那是你没见过的书、没读过的书，自然也是我们无法理解的书，故云天书。不过，它仍可在我们的想象中。若没有想象，岂止是天书，像天性、天赐、天宙、天衣、天命等，我们都无法捉摸。

人间有天书吗？天上、人间是千丝万缕联系着的。天书也是我们人与天的一种联系；内容上有十分丰富的联系。

既然有天书一谈，就不应当只有天写出的书了。在人间，人可否与天合作写出天书来？人着笔，天授意，奉天之命写的书，是不是天书？天人合一嘛，不可以合写书吗？写出的就应当既是人书，又是天书了。

我写了一本《人论》，但写不出《天论》来，只好把人与天放在一起。天文学家写《天论》，我们人文学者写《人论》，还得增加一项任务，把天与人连在一起去论。天无声地关注着人、关照着人；人也关注着天，也可以关照天，关照天底下的环境。

上天写的书一定是晦涩难懂的书，谓之天书。倒过来谈，凡晦涩难懂的书，可不可以就叫作天书呢？如果是，那么人间真有天书，因为真有晦涩难懂的书。

写得太浅的书，没有味道；写得太深了，读不懂，也不会有味道。但是，有些书就是晦涩难懂，如果你口味重，爱吃那些啃不动的东西，这些晦涩难懂的书也就能给你浓浓的味道。人也不能只讲味道，也要做无味的事，吃无味的饭。这才是本领，还能把无味变有味。

在我读的数学书中，最困难的是《泛函分析》《测度论》，前者是我咬牙自学出来了，还开讲过这门课程，后者是李盛华老师为我们青年教师讲授过的。当我明白了黎曼积分就是黎曼测度，勒贝格积分就是勒贝格测度时，对微积分就有了恍然大悟的感觉，并且还知道了在更一般测度下的积分。微积分的世界，在我眼里就变得既辽阔又壮观了。读了天书，天就变得宽阔无比了，天地相连了。

在哲学领域里，我读过的天书，可能是亚里士多德的《形而上学》了，比读黑格尔的《小逻辑》难很多。开始念的时候，真像是天书，但多念几遍就接地气了。翻译成汉语时，《形而上学》是在20世纪50年代，《小逻辑》则是稍后由贺麟先生翻译的，更像是白话文了。这可能也是《小逻辑》比较容易读懂的原因之一。

是否是天书，这是因人而异的。有的人读起来像天书的读物，另一人读起来却未必。演讲也是如此，有的人听类似于天书，有的人则觉得不是那样。有的讲授者讲得通俗易懂，有的人却把本易懂的讲得不太容易让人懂了，变成天书了。这并非故弄玄虚，而是在深入浅出上下的功夫还不够。能浅出的人，必是深入思考过的；知道了深在哪里，才有可能找到浅出的办法和途径，才能深而不言，浅而不陋。

我对博士生和初中生都讲过哲学，依我的体会，对初中生讲更困难，实际备课的时间比对博士生讲课多一倍以上。初中生不懂就是不懂，若听也听不懂了，就别想课堂上能安定下来。博士生可能个别是似懂非懂的，你就需要让他们明白有不少是你并不懂的。换言之，就是需要让他们不懂。与其似懂非懂，不如挑明你是怎样没懂的。哲学是曲曲折折的，绕来绕去，绕几个弯，他就不一定懂了。这不是刻意的，而是自然的，指出本不是笔直的，从似懂非懂到进步，从似懂非懂到不懂，也是进步。原因在于，似懂非懂了的人多误以为自己懂了。此刻，明白自己不懂了，是不是进步？再由不懂到懂，则又进了一大步。

我写的书，大都是用大白话写的。可是，写哲学时，大白话也不一定那样容易懂。我甚至觉得对于诗，并不在于求懂，而在于求观景，在于透过诗看到情、看到意。对于诗不在于懂不懂，而在于感受，在于能否感受到它的美，它的意境。对于文学作品大体上也如此。小说是故事性的，可能如“文字评论”一类难懂一些。数学、物理学对于有些人来说，或许是接近于天书了，尤其是微积分不太容易把握。微积分在哪里？有人曾满城找微积分，却不见踪影。后来，有人说“一把锉刀捅破了窗户纸”。可是，窗户纸也许捅破了，那里面究竟是什么仍然不知。记得以前，我们念数学专业的，到了大学四年级，能把微积分说明白的，几乎一个人也找不到。

崇尚“眼见为实”的感性哲学不能给人智慧，反而会蒙住人的眼睛。哲学在哪里？你看得到吗？实际上，在人的知识中，百分之九十以上是看不见、摸不着、听不到的。知识越多的人，这个比例越大。我写了一本书《哲学是什么》，这应当不算天书，却可能是悬在半空中的，不抬头多望望，未必能够读懂。

书是拿来看的、读的，故称为阅读。眼看，心读，不一定要出声。小学是有朗读课，那主要是训练准确发音。写诗还要背诵，这是不分年龄、学历的。时下，朗读成了一种特有的艺术，也成了各类演员的基本功之一（除舞蹈、绘画外）。

有了文字，有了纸张，有了印刷术，就有了文本，进而有了书籍。这就是文明史，其历史约五千年，且主要发生在亚洲（中国、印度、巴比伦）和欧洲（希腊）。

书在文明史上起了巨大的作用。亚里士多德的著作，仍然是今天哲学类专业学生的必读书。柏拉图和亚里士多德被黑格尔称为人类的两位导师，他本人也从亚里士多德那里学习了辩证法，发扬和丰富了辩证法，他自己也成了辩证法大师。

读书的人有多少？现在，除了学校，还有多少人在读书？

即使在学校里，本科生阅读课外书籍的也不多。到了研究生阶段，要有综合述译了，要写论文了，学生才比较自觉地多读一些书。商界、政界、企业界的老板们有几位经常读书的？我们的人均读书量多少呢？现实真让人难以启齿。与此同时，是功利兴趣太浓，理论兴趣、哲学兴趣太淡。

我们有工匠精神，这是必要的，但是理论精神、哲学精神呢？我们有多少？一个人、一所学校、一个民族如果没有理论兴趣，没有哲学精神，是走不了多远的。这不只是自然科学理论问题，这必然是对经济有长远影响了，会影响创新能力，影响经济的可持续发展。

为什么要读书、要多读书呢？“秀才不出门，能知天下事”，就因为秀才读书，从书里看到天下。人的直接经验是十分有限的，百分之九十九要间接获得。而间接获得经验的主要途径就是阅读。读书破万卷，必可万里行。一辈子读一万本书的可能性不大。活 100 岁，每年能读 100 本吗？还要把幼儿园时期、老年时期的某些时段除开，一年要读 100 本，每 3 天读一本，别的什么活都不干也做不到。一个人，以 80 年的读书时间计，每年读 10 本已相当多了，这总共也只能读 800 本。

读书是我们知晓历史和未来的主要方式，是我们连接传统与现代的主要方式。通过书，我们与古人对话，与世界对话，与自己对话，与天地日月对话。由此，把人与天合一。我们的古训中还有“书中自有黄金屋”一说。如果商人能读懂经济学的书，甚至还读点儿哲学，就更好了。古典的政治经济学就被视为哲学。政治家们不只读政治学方面的书，最好也要读读政治哲学方面的著作。

我本人读书兴趣广泛，这可从我写书的范畴来反映，但我究竟读过多少本呢？从小学、中学、大学，到从教之后这么多年，我究竟读了多少书，没统计过，也无法再去统计了。但我写了多少本书，这是有准确数目的。从 1979 年初第一本书起，至今已 130 多部了，其中 100 部为独著。这里有一个投入与产出的比例问题，读的书与写的书相比，这个比例对我而言稍大一点儿。不过，这不完全是数量问题，读 100 本写一本，却成了经典，成了传世之作，这不也够了吗？写 130 本，却没有一部能成为经典的，130 这个数字的意义也不大。不知曹雪芹写了多少本书，但一部《红楼梦》千古流传，这就够了。

我写了那么多书，若只是滥竽充数，就没什么意义了。好在至少有一本《人论》公认度比较高。读的人不少，专门研究它的人也多了一些，还正在被翻译着。我写学术著作，业余我也写诗。想来，写诗对我写学术著作有十分积极的影响。或许，我写学术著作的风格，也有利于写诗。这两方面相互影响着。

一个民族的复兴，绝不只是物质生产方面的复兴。以欧洲为例，中世纪之后的复兴被恰当地称为文艺复兴，并由此带动了自然科学的复兴。艺术引领（自然）科学，这是公认的历史、公认的逻辑。谁也得自觉或不自觉地遵循这一逻辑。

近 40 年来，文学艺术繁荣了。这可不可以叫作文艺复兴呢？会不会带动自然科学的发展呢？这必定只能是拭目以待，但我们亦必怀着深切的愿望，盼望这个过程实际上已经开始。可是，这个过程必须是有读书相伴的，有人均年读书量的大幅增长，先增长到人均年读书 5 本、8 本吧，再达到 10 本、20 本。这个过程不太可能很短，但这是民族复兴必不可少的。无论怎样漫长，也必须现在就读起来。

话说回来，中国能不能搞一个“读书运动”？可是，谁来推动这一进程？我们的电视台也煞费苦心，安排了一些节目，鼓励人们读书，由一些学者出现在银幕上叙说。记得曾有这样的台词：读书使你内心强大。还苦心地等待人们，通过读书可以看到一个崭新的世界，让我们的世界变得辽阔，更为五光十色。

我既是读者，又是作者，眼下较多扮演的是作者的角色。我不会停止读书，否则，我在教书上就会止步了。为兴趣而读书是每个人都会经历的，但读书不可能全是愉快的，不可能只靠兴趣。为了好好教书，我还常常需要去翻翻他人写的书。不只讲自己的，我自己的领悟跟他人的观点比较比较，必能丰富我讲授的内容。

哲学容易被写成天书，所以我尽量用较为通俗的方式表达，把天书写到地上来。然而，念哲学的人面对的是哲学，只有通俗是不够的，还需要在通俗之中不失深刻，不失智慧。有所谓大众哲学，这至少包含了一种愿望，愿有更广大的群体习得哲学，让哲学拥有更多信众。

我写的《初中生指导》也包含了这种愿望，初中生如果能懂，应当是在相当程度上让哲学大众化了。我的《初中生指导》，在演讲时就上网直播了，据说有数以万计的听众。这反映了一定程度的大众化，谁说人们只有功利兴趣？这里所反映的不就是哲学兴趣吗？

还有一些人到我家中来要订购此书。这让我十分高兴。这显然也表明，不仅有人读书，还读哲学书。我本人在打破对哲学的神秘感方面做了一点事情，在使哲学通俗大众化方面做了一点点事情。正如当年李盛华教授所作的严谨的证明，我将其大众化、初等化了一样。这对于那些想读书、爱读书的人多少能提供一些帮助。

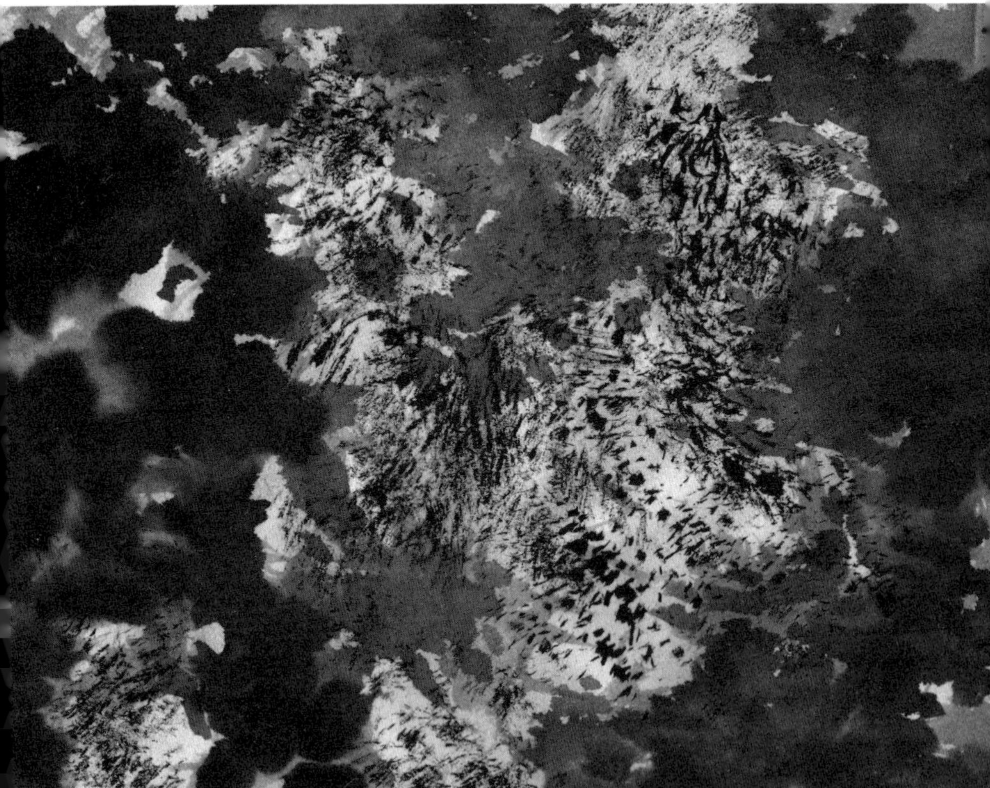

第十四节　天机

天机可理解为上天给予我们的机会，天赐良机；也可理解为上天拥有的机会。这与我们人的关系也表现为两个方面，一方面是不要错过天之所赐的机会，把握机会去做些事；另一方面则是努力去知晓上天所隐藏的那些机密。这两方面的工作做起来都不容易。机会知多少？机密知多少？不易弄明白。

上天已经给我们的机会，我们也利用过了的，自然是知道了的。那还有哪些机遇呢？每个人都有过一些机遇，大家再一起来凑一凑，看总共给了我们多少机会。然而，这个“大家”我们就很难确定，得由多少人构成一个“大家”才能把上天给予的机遇凑齐呢？这可能不是人数的问题。即使一个人，你所获得的、所错过的机会，各自占多少？

有能耐的人还可以自己创造机会。这些创造出来的机会，在不在上天赐予的机会之列？即使是奉上天的意旨去创造的机会，这个问题也还是存在着。不过，这就意味着创造者与天合作了，顺从了天意。若有违天意，机会是创造不出来的。

有人说“规律是不以人的意志为转移的”，此话包含着两面性。一方面，你能说人间的规律也不以人的意志为转移吗？教育中的规律、艺术生活中的规律、体育运动中的规律（如打篮球、足球、排球的那些规律），怎么不以人的意志为转移？人在精神活动中的规律，只能是自己创造的，别无他代的。另一方面，也表现在物质生活中。例如，我们坐飞机上天，那是人与天的合作，所体现的是人的意志与天的意志的吻合。人意遵循了天意，这就成功了。因而，也不能说不以人的意志为转移，只是要补充说：人必须在顺从天意的条件下以自己的意志为转移。所以，人常常需知晓大自然的规律。飞机在起飞时，速度达到每小时 280 千米以上时才能抬头，离开地面后再进一步加速。一般民航飞机，其速度都不宜超过一马赫。跟军用飞机不一样，民航飞机的速度在音速之下。

某些哲学的根本性弱点在于，它忽视了人的因素，因而，对自然的理解也有问题。在机会面前是人人平等的，在起点上必是如此。机会不偏袒任何人，也不亏待任何人。人与人之间的差别，表现为识别机会的能力、抓住机会的能力、创造机会的能力。机不可失，时不再来。有些机会是一错就过去了的；有些或许还会再来。但时间不会等待任何人，它始终在静悄悄地流动着、逝去着。如我们已讨论过的，这就是生命意识。这里，可补充的是：这也是机会意识。人们说，无后悔药可吃。但如果是指能吸取经验教训，那就有药可救，未来可重振旗鼓。还是那句话：聪明的人不在于不犯错误，而在于不重复犯同样的错误。

现在来说机密的那种天机。上天隐藏了多少机密？人身上的机密是上天机密的一部分。我们可以作一个划分，把上天机遇中纯属于大自然的那一块作一部分，人身的秘密则是另一部分。这只是我们为讨论的方便所作的一个约定。上天的秘密等于大自然秘密与人身上秘密之和。我们将这两部分所隐藏的机密分别作一些讨论。这个题目实在太大了，我们只能叙及千万分之一。

可以说，关于大自然的秘密，从理性主义哲学、自然主义哲学起始之时，就在探索了。最早亦必是朴素的、朦胧的。比较清晰的大自然解密，当以牛顿时代的到来为标志。牛顿是理性主义哲学的信徒。这种哲学成了他信仰的哲学，人人帮助他去揭秘自然。这就是哲学的力量，如此言之，一点儿也不为过。如笛卡尔所言，大自然是一本书，这本书是由数学写成的。牛顿、开普勒和笛卡尔本人，也就都是用数学写这本书的匠人。其后，康德、爱因斯坦都是这种“匠人”，他们是能直接通晓天地的天才。

大自然的秘密和人身上的秘密，哪一方面更多、更神秘呢？这个问题不好回答。现实的状况是，对于大自然的秘密，经过上述那些天才，我们已经知晓了不少，而对于人的秘密，我们所知甚微，实在是知之太少了。宇宙是起源于大爆炸的，人起源于什么呢？一概不知，并且看不到能够知晓的任何途径。我预计这将是一个永远无法解开的谜。人是心甘情愿，还是不得已的。然而，即使如此，人对自身认识的脚步也永远不会停下来的，虽然没有尽头。

古希腊智者主要思考和研究着大自然，他们对人自身的研究也开了个头。世界上将人作为主要研究对象，并形成一种潮流，这还是两百多年来的事。不过，此潮流兴起之后便一发不可收拾，至今仍方兴未艾，想必会永远持续下去。

我们可以说，大自然缔造了一个比它自身还神奇的精灵，又可以说这就是它自身最神奇的部分。人的神奇、神秘，使得他也将格外神圣。每个人都背负着一个神圣的使命：让自己像人，让自己成为日益高尚的人，把大自然赋予自己的一切可能彰显出来。这种可能本身也具有神秘性，因而必然具有无限性。

我的学术工作主要集中在人身上，当然也关注大自然。我信奉的是自己民族传统哲学中天人合一的哲学，关注天亦关注人，亦成必然。对于大自然是关注，但绝不是自诩有什么研究；对于人，我的研究是比较多的了，有关的著作几乎没有不论及人的。因此，我也自自然然地站在非理性主义哲学的宏大世界里。或许也正因为自己研究得较多，也才明白自己所知甚少。当已知的世界在拓宽的过程中，也几乎同时在拓宽自己的未知世界。这不是坐井观天，而是在辽阔的大地上观云，所以能知晓天外天，让已知世界与未知世界同步扩展。

我的非理性主义哲学，在写出了《人论》之后，应当可以说是进入了一个相对成熟的阶段。放在更宽的背景下看，这本书可能也只是长江中泛起的一朵浪花。我不是弄潮儿，而是顺着江河而下的一片方舟，只是在天边的云朵之下。

作为机会的机，我不可丧失，这是上天和我父母、我民族的恩赐。作为机密的机，我当尽力去揭示，我之所为，作为教师，作为校长，都自然地对此有无尽的兴趣。

第十五节 天骄

我很喜欢某些人的名字中有“天”字。曾有中国铁路建筑史上的一位功臣叫詹天佑，还有民族英雄文天祥。我们在座的头上，有天花板。天竺曾是我们古代对印度的称谓，有一支歌叫作《天竺少女》，是专门唱甜歌的李玲玉唱的，旋律格外优美、动听。长江水流到哪儿去了？“让长江之水天际流”，这是《中华民谣》中的一句歌词。在民歌中，歌名冠以“中华”二字的，十分罕见。这首歌用了，应属当之无愧。

我们亲兄弟七人，名字中都有“楚”字，有人以为我们是“楚”字辈的，但我们是“大”字辈，父亲是“怀”字辈的。“楚”与天有关吗？有“楚天大地”一说，我们就在这片大地上。“天上九头鸟，地上湖北佬。”这句话似是带有贬义，但我觉得也不必在意，何惧自己是湖北佬？中国各地都演绎过英雄史诗，湖北也不例外。武汉被称为江城，气势磅礴。辛亥革命就是从武昌开始的。辛亥革命在中国历史上具有划时代意义。

谁是天之骄子？谁都可以是，但并非谁都能是，这还要看上天是否认可，要看是否有一纸天书。这还说明，上天是公正的，只要人努力修炼，那纸天书就会下达。这也表明，人要去与天配合。不过，我想那些有诚意的人未必一定要去求得一个名义。自己给自己的内心命名就够了，甚至自己内心也不必多想。

现在，我们可以把天骄的概念扩大一些了。如今的战争少了很多，竞争却有，并且还不少。都是争，一个有硝烟，一个没有硝烟。这种竞争的范围十分广泛，有科学的、文化的、艺术的、体育的，更多是经济的。这可以说是智慧与智慧之间的战争，不残酷，但激烈；不流血，但花费心血。

工匠精神，是需要科学精神、理论精神指引的；科学精神，又需要艺术精神、哲学精神指引。今天，我们的世界里，需要有科学中的天骄、哲学中的天骄、文化艺术中的天骄，更需要有教育领域里的天骄，由教育中的天骄抚育其他天骄。

教育需要教育家。有人说，要培养教育家。然而，教育家不是培养出来的，而是“长”出来的。这就要“土壤”好,“水分”和“阳光”要充足。如果教育家可以培养出来，那么，蔡元培之后的中国教育家如今有几位？快百年了，一年出一个，应当有百个，可是现在有几个？我认为，教育家也不是“评”出来的。如果可以评选，那么，要多少就可评选多少。事实上，教育家是有尺度的，标准有两条：一是改变过一所学校的命运；二是有系统的教育思想和理论。以此衡量，如今能有几位？

如果论需要，在教育领域是最需要有天骄诞生的。当下的“水分”和“阳光”并不十分充足,“土壤”也不够肥沃。不过，事在人为，个人可以突破客观限制，让自己破土而出。

那些大哲学家、文学家不是天之骄子吗？那些大科学家、艺术家不是天之骄子吗？那些大教育家、学问家不是天之骄子吗？还有探险家、冒险家之类。他们是一些能通天的人，在得到上天认可和赞许后，就进入了天之骄子的行列。一方面，这需要上天“批准”，发准入证；另一方面，那个实有的资格，还是要自己创造的。

我本人是否已在天骄的“花名册”里并不重要。什么都是自己可以去做的，做好了，做得很出彩了，天骄也好，地骄也好，那只是一个名分。几年前，有机构要评选“名师”。有人告诉我：“你只要同意报，材料都不必你管。”但我立即回应：“我不报。”“名师”或许还进不了“天骄”的行列，但和“天骄”一样，都只是一个名分，仅此而已。

那位负责人就是有失落感的人。对此，当予以理解，予以尊重，工作要过细一点儿。做人不容易，做工作也不容易；其实，人正是在做工作中学会做人的。在种种活动中学会做人。行政工作停止了，做人的事还不会停止。做学问的事，在痴呆前，也不会停止的。做学问之中更需要好好做人。具体活动有止境，唯有学习、做人无止境。学无止境中，或许就在某一刻，人突然成了天骄。

第十六节　天良

我一直认为，一个社会需要两根支柱，一个是道德，一个是法律。否则，社会就是跛脚的。没有法律，道德的底线就可能随时被逾越；没有道德，司法机构及其人员配置多少也不够用。这个道理看似很简单，人类却经过了长期的摸索才认识到。

道德学，又称伦理学，在两千多年前产生。法律学可能是随着大学的产生而产生的。最早的古典大学下设四大学院，其中有法学院。这表明此时已有了法律的学问，也有了关于法律学的研究和传授。今天，高水平大学，几乎都设有法学院。我本人在任校长期间也建立起了法学院，为此，我从武汉大学请进了国际司法的权威教授李双元。我校不仅办起了法学本科专业，而且由于李双元教授的到来，我们几乎同时拿到了法学的研究生学位点。而我之所为，既有从历史中获得的启示，又有对现实的法学意义的认识所支撑。

学校主要是教人做人的，故而，它必定重视师德、学术道德、管理中的道德等。学校有没有法律问题呢？学校遵守国家制定的法律。学校也立法吗？学校只立规，与法律有别。毫无疑问，我们更重视的是道德培育与养成。当然，也重视遵法守法的意识。

我本人的国家法律意识一点儿也不差，学校还聘请过法律顾问。但对于校规而言，只遵守一条：不能与国家法律有任何抵触。自己定的校规，可以有弹性。学生工作处的工作人员在处分学生时很小心，因为他们都明白：张校长那一关不好过。

当年有一个“勒令退学”的处分。我问学工处的负责人：“勒令退学”与“退学”有什么区别？“没什么区别。”那么，“为什么要加‘勒令’二字呢？”表示严苛吗？有必要这样表示吗？对此，我无法理解。后来，我作过一些相关的学术报告。一方面，论述学生有哪些权益；另一方面，论述如何维护这些权益。学校、教师、行政人员要维护自身权益，学生自己也要组织起来维护自己的权益。校长则需主导这一切。

我的厚道来自父母的教育，来自老师的教学，来自我们民族的传统。作为教师，作为校长，我必须对师生员工都厚道，尤其是对学生厚道。“宽厚、宽容、宽待”曾被批判为“三宽”，但这种批判难以动摇根本。宽厚待人是深深扎根于我们民族文化土壤的。

后来，我不仅把“勒令”二字取消了，连“退学”也取消了，最高处分是“校外察看一年”。一年后，由所在地方开出一个证明，证明他的表现。此举几乎保留了所有学生的学籍。有几位学生还会在这一年里继续胡作非为呢？有哪个家乡是不爱惜自己子弟的呢？特别是那些贫穷的地方，好不容易出那么一两个大学生，能忍心让他们坠落吗？我作为校长，当然是不分贫富的，学生都是父母的心肝。

我自认为有良心，这里就叫作天良，是从上天那里领来的旨意。依然是那样，大自然（上天）在我心中，我常常去体验如何遵循大自然的旨意。这有时候叫作扪心自问，实际上，也是对天自问。这样，就有了天良。是人去与天合一，是人常常去请教天，如此，天自然愿与人合，故而这一切的关键就在人身上了。

我儿时生活的那个小镇周围有仁寿寺、曹公寺、土地庙；我父母租住的刘合顺家，后屋两侧各住着一位老奶奶，她们每晚都念佛经，那种虔诚对我可谓耳濡目染。这种文化在一生中都影响着我。那两位老奶奶究竟念的是哪些具体内容，我一点儿也不知，我所记得的是她们的虔诚，她们坦然平静的生活。还有一点，她们是素食主义者，吃的脂肪、蛋白质都来自植物。用我们这里的术语讲，那就是她们都有宗教信仰，让自己贴着天，在天底下以自己的天良生活。

我心中还有不少神圣的东西，它们亦如神一般在我心中，比如真理以及与此相关的自由、平等、尊严等，还有数理、伦理、法理、天文、地理等科学、艺术和哲学都融入我的生命之中。

一般人说良心，说良心话，就是凭心说话，诚实，不骗人，扪着心说话。而对着天说，那就是天良了。

梁启超十分推崇王阳明的“致良知”，视之为千古学脉。词典将“良知”解释为人类不学而知、不学而能的先天本能。这就又与天良、天能、天知有关了。

第十七节　天职

20 世纪 90 年代初，一股下海潮、经商潮也波及学校。当时，师生中也议论纷纷。不少人等着看看校长持有何观念。也有人在我不言之时就有所猜测。这当然是对我的教育理念、治校理念比较了解的一些人所作出的猜测或估计。

如同我的教学思想、治学思想一样，我不必自己抢先发声，要让师生多一些自由思考、独立思索。所以，我耐心地等待。终于，在文学院大楼前挂出了两个大条幅，上面分别写着：学术是学者的生命；学习是学生的天职。这令我特别高兴，师生中自有觉悟者，条幅中还使用了我很喜欢的“天职”一词。这自然也反映了学生们对自己职责的一种理解，一种在很高境界下的理解。难能可贵啊！

我作为大学教师、大学校长，时时思考“大学是什么”这一根本问题。这也是分享教育治学的基本问题。我的第三本高等教育指导著作即命名为《大学是什么》。这源于我认可的两部著作：第一部是雅斯贝斯的《大学之理念》；第二部则是布鲁贝写的《高等教育哲学》。

对于师生挂出的两个大条幅，我除了高兴外，还有人同此心的感觉。这是我作为教师尤其作为校长而格外高兴的。这样，我们就可以专心致志于学术了。学校本就是应学术这样的天职而存在的。这样，我所要操心的事就可以在其他方面了，如搞好师资建设，采购现今的仪器设备，丰富纸质版图书藏量，争取社会支持，争取更多经费来源，改善学校外部环境，等等。

各行各业都有各自的天职。对于学校来说，天职就是发展和繁荣学术，培养人才。

学校不经商，却研究商学；学校不从军，却研究军事学；学校不从政，却研究政治学；学校也不专事演艺事业，却研究艺术学、表演学；学校主要不是写小说的，却是评论小说的，有一门很高档的学问，叫作"文学评论"。我任校长期间创办的文科杂志，就名为《文学评论》。湖南有几位作家都是我的好朋友，他们在长沙河西北端办了一所"文学院"。我当即对这几位好朋友说：这是蒋冀聘、罗成瑛、谭桂林他们办的。说穿了，作家们干的是技术活，他们是评头论足的一些人，这类人不可能很多，但弥足珍贵。就全社会看，这些人便是理论家、哲学家，是专门做评头论足一类事的人。

我发表过一篇自己印象很深刻的论文，题目就是《大学，一个大写的"学"字》。它看似很平凡，但放在现实中一看，就有了非凡的意义。《高等教育研究》杂志迅速作为头篇发表了这一论文。这肯定也反映了编辑敏锐的眼光。具体日期不记得了，就是在那个"下海潮"时期发表的。

经商的人凭着良心去经营，最好也在大学学一些商学、经济学；从政的人凭着良心去从政，最好也在大学里修读一些政治学、社会学乃至政治哲学；从教的人天然地从学，但亦必修读心理学、教育学乃至教育哲学。很可能，从教的人更需要研读教育哲学，原因就在于：教师的理解事物、对象更为奥秘，更为神奇。教育哲学的基本问题自然是“教育是什么”，可是它亦面临“人是什么”的问题。如果对人知之甚少，做教育则知之不多；反过来说，若对人知之较多，亦对教育知之亦多。我本人在2006年出版的《教育哲学》一书，就直接地，但也是初步地阐述了“人是什么”的问题，为回答“教育是什么”的问题奠定了较好的基础。无论是哪一行业的人，最好都在大学里走一走，这样就更有利于自己明白自己的天职。

各行各业的人的天职是不一样的，却又有一样共同的天职：知晓无所定之职，所授之职。如此，无论哪个行业的人，都需要仰望天空，需要暂时抛开许多具体事宜，与天对话。这是一种觉悟，无论什么工作，都需要这种觉悟，修天、修地、修人、修己，抵天达地。人不能让心胸填得太满、太实，而要腾出一大块地方，留给自己思考，自己去琢磨。

没有人能弄清自己的天职是什么，只有自己去体验，比如学子说自己的天职是学习，实乃他们的自我体验。或许，我们学校良好的校风有利于他们这样去感悟，但终归还只是省悟，最后定夺的是他们自己，是他们把什么看得更重要，什么更神圣，什么是上天的授意，何时何地该跟老天通通话。

作为教师，我明白自己的天职是好好教书，不只是不误人子弟，还要尽可能让他们成才，成为更富有、更智慧、更高尚的人，更能自己把握自己的人。作为校长，我自然觉得自己担子更重，天职更神圣了。对于这一点，我觉得最重要的不是自己说了些什么，也不是做了些什么，而是自己在学校的精神文化或物质建设上做了些什么，做得怎么样。当然这也是最困难的，最需要本领的，也是最考验校长智慧的。在学校里，判断我是否具有管理智慧的标准，只能落脚于是否有利于提升教师的教学智慧和学生的学习智慧，还有行政人员的行事风格与智慧。

在这本书的许多论题上，我不仅作理论上的阐述，常常也联系到自己有关的践行。例如，对于“天职”这一论题，我既作了理论阐释，又联系到自己做过的一些事。这也是求得一个关于事实与逻辑的统一，关于历史与因果的统一。“天人合一”是这里的一个总论题，而达到历史与逻辑的统一是要通过在一个个相对具体的论题上去体现的。我之所为，也在于努力做到这些方面，以充分体现这个“统一”。

广而言之，任何论文都要有事实与逻辑的统一、实证与思辨的统一。然而，关键还在于思辨。大学的过程在思辨，大学之所求在于提升思辨的能力。理论上说，实证与逻辑思辨对任何学科都重要，但在具体学科上的体现不一样。对于技术、工程等一类学科，实证是重要的，但需由思辨来加工和提炼。然而，哲学和数学（理论数学）是无需实证的，它们的证明已如我们所知的那样，是由它们自身去完成的。从这一点看，它们更像是“天书”，却又是最接“地气”的。这个“地”便是人。如此一来，又不能不回到我们关于天人合一的哲学上来了。

我们的天职就在于让天人合一的哲学深入人心，首先是求自己的心，同时也求深入自己学校师生的心。这不是大话，而是大目标，既神圣又真实存在。

第十八节　天理

公说公有理，婆说婆有理，这就没有共同的理了。如果公公和婆婆都是学数学的，这种情形就不容易发生了。他们极有可能持共同之理而不至于各说各话了。

曾经有一个现象，数学专业出身的校长特别多，像北京大学的丁石孙，北京师范大学的王梓坤，复旦大学的苏步青，浙江大学的陈建功，四川大学的柯召，武汉大学的齐民友，吉林大学的王湘浩，中山大学的李岳生，南开大学的周国光，东北师范大学的史宁中……我本人虽然数学学得不太好，但也还是数学专业出身，当了校长，因而能理解这一现象。这是一个学术现象，也成了一个社会现象。这一状况与社会有何相干呢？为什么呢？因为他们知道天理，都服天理。数学乃理科中的文科，更接近人自身，也更接近哲学。古希腊人就是拿数学充当哲学的。除了数学家少争论外，他们拥有管理智慧的可能性也格外大。大学最好由文科的人当家，求其次之者，当首选出身数学专业的。

具体分析一下学数学的人为什么少无谓的争论。首先看争论双方的立足点，看他们作为出发点的概念是什么。若出发点的概念就不一样，往后的争论就毫无意义，很可能是南辕北辙。在这种情况下，谁当裁判员也无用。

如果出发点一致，往下就看所立命题是否一样。此时，若命题一样就不必争了。若所立命题不一样，这就要进一步看命题的合理性。若合理性都没有问题了，那就再论证，看谁的论证更有力、更充分。在这种情况下，做“裁判”也才有意义。无需讳言，我在做校长时十分成功的一点，还是学校绝少无谓的争论，大家都把精力放在教学和管理上去了。不是有“真理越辩越明”一说吗？但那是学术，搞管理、搞行政讲效益、效率，还争什么呢？

学文的当懂天，学理的（如学数学的）当懂理，这样合起来就懂天理了。我多少懂了一些文，自学来的比较多，我又多少懂了一些理，学了数学。这样，对天理也就知晓了不少。我任校长的时间相当长，且任过两所高校的校长。无论如何我能做成一些事，不管原因有多少，但其中有一条：就是在我任校长期间，没有浪费时间去争论那些毫无意义的问题。因而，有发展，有提升，有繁荣。

我个人之心也静，不因时局而烦躁，不分心。我是爱争论的人，然而，第一是不争吵，第二是限于学术性争论。在物质利益上，我属于与世无争的那一类。人来到这个世界，是打算索取的，还是给予的？“取”是必定会有的，但不安于“索”，不勒索；能否给予，则首先是要有一个愿望，努力发掘自己的潜能，尽量做出一些有意义的事情来。多大的意义呢？这可能还会由别人来判断。不过，又不必看别人如何判断，自己凭着良心做就是了，顺着天理去做就够了。刘献君说我的学术工作在三五十年后会大放异彩。这只是他的一个判断，他并未说我的思想具有永恒的意义。对于我自己而言，不仅物质财富是身外之物，那些名分也是身外之物。我一直都很明确，就是为写作而写作，为学术而学术。只要心诚，也就会对得起自己的父母、先祖和民族了。是否具有永恒的意义，也属于完全不必去想的，我只需尽量与天靠近，尽量让自己之所为是天理所培养的。自己做事，有人议论，这本身就不错了，不管是好的还是差的议论，都比无人问津的好。

老庄的哲学为道学，崇尚自然；孔孟的哲学为儒学，儒学崇尚做人，仁者爱人。用现在的术语讲，老庄的是理想主义哲学，而孔孟则属于非理性主义哲学流派了。我由此也产生一些感慨，感慨我国当代哲学之深刻与发展，构成了我们文化灿烂的一部分。

赋学是中国当代文学的成就，道学、理学是中国文化哲学的成就。天赋、天理、天道这些观念都与天人合一哲学相联系。人从多方面将自己与天联系起来，实际上也是将物质世界与精神世界联系起来，将天、地、人联系起来。人自觉地与大自然相连，这是一种了不起的人类觉醒，醒悟到自己既是大自然的赋予，又是大自然特别奇妙的一部分。

自然科学是揭秘上天之道的，人文科学的目的则是揭秘人间之道。自然科学在近代以来大踏步前进，这是理性的胜利，也是天理日益为人所知的结果。很奇怪的一点是，人们揭秘了很多自然之谜，对自身的秘密却没有打开多少。这个问题的本身，或许就是人神奇的表现的一部分。

人不能做天理不容的事，最好能事先知晓一些天理。明知故犯不可原谅，无知而犯亦应尽量避免。通过读书学习知晓天理是一个途径，但这还不够，还要去体悟天意，常向天请教，问问其意图。所以人常扪心自问或仰天而思是极为重要的，这样，自己也因十分虔诚而从内心得到上天的呼应。心诚则灵。事实上，无论上天是否显灵，我们的心必诚，这就是绝对性。这类绝对性即人的底线。

第十九节　天堑

写到天堑，让我想起我们大学的一些历史，一些使未来的历史学家特别感兴趣的历史，一些不容易被理解的历史。可是，感兴趣与难理解这两件事是有联系的，很容易理解的事，怎么能引起兴趣？

对这些难以理解的事，我们略举二三吧。例如，有过白卷英雄张铁生，此其一；有过学“朝农”，学习朝阳农学院把大学办到农村去，此其二；招收工农兵学员、工农商学兵，哪一行都可以，也未必是工农兵一线来的，此其三。

我们单说另一难理解的事，叫作“开门办学”，哪一家的门都有开有关，大学的门也是有开有关的。为什么要提开门办学呢？是大学关门了吗？大学的门半开半闭了吗？我这样问，谁来回答？为做学问，必问也。未来，人们还会问的，而且顽强的历史学家不会止于问的，他们必求究竟。

当年，我和文学院的一位教师去了湖南，在那里搞“开门办学”，从闭着的门那里走出来了。我教数学，主要讲几何，那位教师讲文学。真是不看不知道，一看吓一跳。那位文学教师把“堑”说成了“新”字旁，而“一桥飞架南北”被解释成了“那座桥被飞快地架起来了”。可怜的学生就这样听着。什么叫误人子弟？看看此例子吧。

面对长江天堑，让天堑变通途。20 世纪 50 年代，便修建了武汉长江大桥，后来又有南京长江大桥。如今究竟修了多少座桥，我也不很清楚。记忆最深的，还是当初的。长江大桥与黄河大桥相比，修建更难，跨度更大。现在的中国可能无江不有桥（西南地区或有例外）。何止是跨江河的大桥？中国也在修建跨海大桥了。交通问题是个经济问题，经济发展繁荣，包括桥梁修建在内的各项交通事业的大发展是必然的，不只陆运、海运，空运亦必大发展。国家变“小家”，地球也变“小”了。曾经只有大城市有机场，如今中小城市也有了，大城市还不止一个机场了。经济、科学、文化、艺术、体育，都是在交流中发展繁荣的。这已是人类的共识。

以上所言之“天堑”皆为有形的，还有无形的天堑吗？还有我们尚无法架“桥”的天堑吗？

我们的艺术正走向日益繁荣的道路。然而，既可以说方兴未艾，又可以说任重道远。如《西游记》《水浒传》《红楼梦》《三国演义》这样的古典名著，今日能不能再出几部来？这就是我们自己现在与发展之间的鸿沟、之间的“天堑”。至于唐诗、宋词更是我们今日所难以再现的了。还不必说得太远，如近代的巴金、曹禺、老舍这样的作家，我们现在能有几位？

再来说说“哲学”。在这里有无“天堑”，有无“鸿沟”？

20 世纪 70 年代前，我们有过冯友兰、金岳霖、贺麟。古代，我们有过孔、孟、老、庄。今日我们有谁？国人当怎样回答？我们的祖宗是智慧的，其表现的重点之一，便是他们创立了哲学，至今仍闪闪发光。这里，我们要问的是：我们今日的哲学距他们有多远？我们有今天的孔孟吗？我们有今天的冯友兰、贺麟吗？每一代人都要对自己所处的这代历史负责，无人能替代我们去回答这些无法回避的问题。

说起数学来，今日还有吴文俊这样的大师。说到哲学，我们实在乏善可陈。据我的感受，在哲学上我们有明显的“天堑”，有深深的鸿沟。哲学是民族的，又是超民族的，哲学是个人的，也是大众的。我们民族的哲学，只能由我们去做，我们之中的个人，从大众中挺身而出吧。

世界是多色的，人间是多彩的；人们的表现决定他们是否出色，是否出彩，是否显现出来。

自然界中的各种“天堑”，是世界多色的表现。人世间各种的创造，是多彩的表现。

有形的机场、桥梁、铁路，是自然科学家和工程师的杰出呈现。科学家提供原理和有关的理论；工程师绘制蓝图，指挥施工。这里是无形的理论指导了有形的建设，在理论之中，谁也不会否认哲学理论的决定性意义了。

真正说到特别令人担忧的“天堑”或鸿沟，就觉得非哲学莫属了。哲学复兴是一切复兴的根本。关于这一点的道理，我已多次论证过了。哲学复兴，匹夫有责。我自认为是“匹夫”一员，要努力为我们民族的哲学复兴而奉献绵薄之力。

第二十节　天无绝人之路

人们在由忧转喜、由祸转福时，会说“谢天谢地”。在遇到巨大的损失或失去家人时，会说“天塌下来了”。在期待未来时，会求上天提供个机会，他们坚信，上天（功夫）不负有心人。似乎不仅人人每天都跟天联系着，甚至事事都与天联系着。

人在遇到困难、艰险时，即使在一筹莫展时，都会说“天无绝人之路”，对天怀有无限的信任。怀有此等信念的人，会不惧挫折、不惧失败，认为上天关上了一扇门，还会打开一扇窗的。

我一直走在学问的路上，现在就可以断言，而不必等盖棺定论：我将在这条路上走到人生的尽途。在已过去的漫漫岁月里，我总可看到前面的曙光。“山重水复疑无路，柳暗花明又一村。”在这条求学的路上、写作的路上，似乎没有过“弹尽粮绝”的感觉，一个一个的题目涌上心头。我似乎自然地明白了“天无绝人之路”。东南西北都是路，这方似是无路，再转个方向试试就又有了路。迄今，我探过不少路，也有过多次的转向。说不上华丽转身，但没扭着腰，也没头晕过，先从数学转向教育学，又从教育学转向了哲学的路。条条大路通罗马，我虽然走过了多条路，但我都力求“通罗马”，我的“罗马王国”就是“哲学王国”，那里是天边，是天涯，是海角，我必一直走下去。

在学术上，会不会有枯竭的一天？有“一通百通”之说，原因可能是存在着触类旁通，这又叫作知识转移吧。不过，走通一条路就能走通一百条路可能是需要有条件的，各种教育的难度是有差别的，有些困难较大的转身，未必一定转得过去。一通了，第二“通”就可能遇到麻烦。这样，我想至少需有一个条件：那个“一通”当是精通性质的，精通了才可能产生一些窍门，而这个窍门为别的方面开路的可能性就大一些了。

我搞管理学，后来就走到了管理哲学（有著作为记，下同）。我做了课程理论，后来转向了课程哲学。做教育学便做到了教育哲学，这一切即可表明，我的“罗马”就是哲学。我还相信，许多人都会有这种体悟，或深或浅。

同时，我们不难看到转换能力上的差别。比如，学工的转向从事理论研究，与学理论的转向工程技术相比，困难要大一些。从事写作的转向文学理论研究，较之从事文学理论转向写作，困难也大一些。都有一些困难，但难度大小与性质有别。

这就需要有开路的人，有闯关的人，有英雄，这是学术领域里的英雄。他们是“天无绝人之路”的坚定信仰者。有信仰，有勇气，有智慧，有毅力，才成为英雄。当然，他们需要用自己写下的史诗证明自己是真正的英雄。或许他们对自己能否成为英雄并不在意，只是在意自己的信仰、勇气以及毅力伴随自己走过的路，他们很可能心安于一种信条：走过了就好，奋斗了就好。换句话说，没耽误就好，没迷途就好，走弯路难免，但弯得不远，走了弯路能及时折回就好。感觉上、方向上，百折不回；技巧上、方法上，折了就回，再接新路。

人在绝望的时候，是面临很大危险的。自己感到一条路都没有了，实在危险。所以，把“天无绝人之路”的信条传给每个人，传到四面八方特别重要，这一信条会唤起人们的希望，乃至挽救许多人的生命。

作为人类，要本着“天无绝人之路”的信念研究对付癌症的办法。生理学家、医学家、药物学家们还在联合行动，并且某些种类的癌症已获得了有效的治疗。“世上无难事，只怕有心人”“有志者事竟成”，那些在医疗、医药领域里攻关的人，都持有这一条信念：去攻克一些疾病难关，为生命增添希望。

上天给人设定的路有无穷多条，只要人有需要或未来有需要，千万条道路都会呈现在人之前。上天无绝人之路，还开辟了多种人们尚未想象到的路。阳光大道，独木小桥，应有尽有，能通向东西南北，通向五洲四海，天涯海角，纵横交错，四通八达。

第二十一节　天敌

猫是老鼠的天敌，狼是小山羊的天敌，黄鼠狼给鸡拜年为的是吃掉它，它是鸡的天敌。

上天的这一类安排似乎不够公道，总是一强一弱，而且是以强凌弱。没有相互间的厮杀，胜负早有定论，似乎老鼠就是为了被猫吃掉而存在的。试想想，若真没有猫，这世界就只属于老鼠了，而若只有猫，它吃什么，它怎么活下去？

豺狼虎豹，曾被视为人类的天敌，如今的人类已觉悟到、意识到它们有自己的生存权，当然前提是人类保护自己而不受它们的伤害已有了许多办法。当这些办法越来越多而且有效的时候，人能更冷静地对待这一类看似凶残的动物。“放虎归山”曾是具有贬义的，如今却是一种褒义的行为了，它反映了人的觉悟的提升。

人类的天敌在哪里？一是来自大自然，二是来自人类自身。来自大自然的“龙卷风”“大地震”“大海啸”“十二级台风”等都威力无比。地球怒吼时，颇为恐怖啊，地球恩赐给我们的很多，同时也考验我们，赐给了我们一些天敌。说得好听一点儿，是地球把酸甜苦辣都给了我们。人类要知道，地球给我们的既有幸福，也有苦难，同时还给了我们战胜困难谋求幸福的许许多多的机会，也提供给了我们各种条件，更根本的一点是，大自然缔造了我们人本身。人特别神奇，可是这种神奇本身也是大自然的赋予和恩赐。

人类自身也有天敌，既有生理方面的，又有心理方面的。生理方面，人类的第一杀手还是癌症，除少数类型外，一般死亡率都很高，负责治疗肿瘤的医生都明白自己的工作是高危性质的，是陪伴病人走完人生最后一段路程最多的人。我觉得，人类最终总能战胜癌症的，不过还会不会有新的挑战呢？这就不能很肯定了，有的可能性极大。

来自心理方面的、精神方面的天敌也有，这种天敌对人类的威胁不亚于生理方面的。世界上有多少精神病患者我不知道，这种病有遗传，故而社会也采取一些相应的措施。这种病的治疗较之生理疾病更困难。

人最大的天敌之一是自身的愚昧，例如心知自己落后，还夜郎自大。愚昧不在于少知，而在于不知自己无知，知己之无知者，是最重要的知。知耻而后勇，这个“耻”中包括自己的无知，知晓怕无知而产生的勇敢是特别有力量的。

单个的人可能自己吓唬自己，自己给自己选了一个天敌，还有自己欺骗自己的情形。这种自身的麻木不仁，也是他们给自己制造的天敌。还有群体麻木的情况。所以社会也应当检讨自己，人们把这一点叫作社会的自我完善、自我觉醒，但是这必须有一个前提：社会中先形成了一种自我检讨的机制。人类的天敌来自自身的愚昧，良好的社会机制有利于消除自己的天敌，不好的机制则有利于天敌的出现和完成。不过，人对于机制的形成和发展还是起决定作用的，这就看人的觉悟，包括对自己天敌的警觉。

第二十二节　天马行空

我很喜欢“天马行空”一词，它表示了自由自在、不拘一格的行事风格，不仅自己喜欢，也希望别人喜欢，尤其要培养学生自由行事。

我的基本信条是：每个人乃每个人自己，每个人都可以是独特的自己、天马行空的自己。我写书时，天马行空；我教书时，也天马行空。浪漫主义和现实主义与我同在。即使是学术，也能以艺术的方式来表达。

我自幼喜欢文学，中学时写过小说，写过诗。近几年我写出了 9 本诗集，共写出了 1411 首诗。写诗更是天马行空，自由奔放的，任笔头随着想象飞翔。我写诗的风格影响到了我的学术著作。因而，书写时自由流淌，随风飘扬，思绪飞远了再拉回来。因为不约束自己的想象，所以灵感也就容易产生。人“马”合一，同时任思绪自由翱翔，又在翱翔中享有自由、发展自由、创造自由。

哲学之光从哪里来？光源在哪里？这个源头就在人的心灵里，发出来就可光芒四射。每个人心底里都有哲学吗？其实，哲学真没有那么神秘，每个人那里都有，每个人都是一种辩证的存在，把这种存在表达出来，就是哲学。哲学即智慧之学，谁没有智慧？每种事物都辩证地存在，世界也辩证地存在，提示它，阐明它，表述它，就是哲学。

数学似乎主要是逻辑的，其美在于真正的数学创造，也主要靠数学直觉，靠数学灵感。尽管我在数学上乏善可陈，但数学给我的多种训练让我受益良多。我把数学中的一些方法，转移或迁移到了管理上。数学是一片可以让人驰骋的大草原，是可以天马行空的地方。“数学是人文的近亲”，这种说法十分精准，我也有实际的体验，美国“让人人喜爱数学”这个口号也意义深远。

还需说明一点，天马行空是指做学问，在艺术的天空自由飞行，这个天空已经是够大了，与做人做事是有区别的。做事天马行空，做人则要一点一滴、规规矩矩，尤其不能损害他人，妨碍他人，要让他人跟自己一样可以在探求真理的途中天马行空。

做事与做人，哪一桩更难？各有各的难处，但性质上不一样。论重要性，做人还是第一位的。做人方面，做得好，千日不足；做得不好，一日有余。做人也与某些知识有关，要学会理解、学会体贴、学会关心，但这仅靠知识是远远不够的，还需要修炼、修养。一说关心就做到关心，一说道德就有德行，没那么简单。在做人上，直至人临终前，也不能有丝毫的懈怠。

在做事上，在做学问上，出两三个错误，别人还可以帮助你发现，错了再更正。学问上，一辈子一二十个、一二百个错误都不稀奇。天马行空，哪有一直飞行得很顺利的?飞错了，拐个弯，调整一下方向就是了，但如果是做人方面犯下一两百个错误，还能混下去吗?一二十个错误就要深深反省了。

做人的难，主要在于坚守，要懂得哪几条红线是不能越雷池一步的。需随时警惕自己，片刻也不能放松，更不能放纵自己。三十而立，四十而不惑，五十知天命，做人是以“十年”为单位来计算的，而做事是一件接一件计算的。做人只有一条路与天接通，要做天容许的事，做事则有千百条路可走，可把上天给自己的智慧展现在千百件事情上。这里又有我的一条格言概括：做人与众相同，做事与众不同。

说起来，每个人都只是在人间走一趟，可是怎么个走法，学问很大，并且尽管他人、先人、智者们可以告诉你、提示你，但归根结底还是要靠自己砥砺前行。

第二十三节　天河

“不要问我星星有几颗，我会告诉你很多很多”，有一首歌是这样唱的。

天上的星究竟有多少？有传说，天上的星跟地上的人一样多，地上有几人谢世了，天上就有几颗星陨落了。这种说法所体现的不外乎是人与天合一的一种观念。

天河是人对天体的一种想象，无数颗星组成了银河，一颗颗星如一滴滴水珠形成了流动的河。牛郎和织女每年七夕跨过银河见面，这是一个美丽的神话，一个晚上能够跨过十万光年，这也是中国人对心中的永恒爱情的歌颂。不老的传说常具有神话的性质，而神话与智慧、与哲学是并存的，就如古希腊人理解的那样。中国、古希腊都是创造了无数神话和智慧以及作为智慧之称的哲学的文明古国。

河流是流动的，湖泊是停泊的。银河被称为河，而不称为湖，那是因为人们宁愿想象它是流动的，活生生的。我们太阳系在银河的边上，很不起眼，但是从目前我们所知，在太阳系的这颗地球特别的神奇。在这里用“神奇”，用“神”这样的字眼远不能描绘地球的无比美妙。地球所隐藏的许多秘密，估计是远远也无法揭秘的了，尤其是所有秘密的重点——人，人是怎样被缔造出来的？这个问题势必是永久的谜了。

大自然、大宇宙缔造了人。人竟是一个小宇宙，乃至这个小宇宙更难被认识。宇宙的起源与人的起源是两个比肩的问题。大大出乎所料的是，关于宇宙的起源，经过康德，经过希格斯，经过欧洲联合科学实验室的工作，大体上已弄明白了。而关于人的起源却仍然一无所知，哪怕是所想也没有一个。两个比肩的问题，只剩下一个孤零零地站在那里。很容易想到，它将永远孤零零地站在那里了。

“认识你自己”与“认识人自己”是很相近的语句。苏格拉底的惊世一语，成了千古名言。可是，直到公元后的一千七百多年，对于苏氏名言并无多少反应。或许是还来不及反应，抑或是其他可研究、可思考的大自然中的问题还多如牛毛，抑或是这个问题比认识大宇宙更困难……这样，本质主义哲学、自然主义哲学、理性主义哲学长期居于主流位置。无论原因是什么，其结果就是如此。

这样，在理性主义哲学照耀下，经过了黑暗的中世纪，迎来了文艺复兴之后，自然科学雨后春笋般生长和发展起来，五颜六色、千姿百态。这之后的一两百年时间里，人类在天文学、地理学、力学、电学、热学、光学、原子学、海洋学、地质学等方面飞速发展。古老的哲学和数学在这段时间里也获得了引人注目的发展。

科学家、哲学家是常常仰望星空的人，他们因为仰望而眼光远大，因为眼光远大而看清了许多天文现象、自然现象。古希腊哲学首先启迪了牛顿、开普勒、笛卡尔这样一些人，他们成了人间的巨星。他们构成的人间星河与银河交相辉映，照亮了天空，也照亮了人间，让整个宇宙都变得星光璀璨，让天上人间都无限辉煌。

我常想，那滚滚长江东逝水为何总是奔腾不息，那无尽的水源在哪里？光靠冰雪融化够吗？光靠天上下雨够吗？有自西向东流动的长江，有自南向北流动的湘江，为什么总能川流不息？还有辽河、海河、淮河、嫩江、黄浦江、金沙江、乌苏里江、松花江、闽江，还有我家乡的汉江，我安居其在的湘江、资江、沅江……上空的那条天河落在人间，竟是千百条纵横交错的江河。

天上有银河，地上有江河，人间也有河。人的大脑，其实也是川流不息的脑海河，由思想原子构成的河。夜间，人的意识还在梦里流动，这一切，被称为意识流、思想流。教书的人，当使书本也流动起来，让诸多知识点连成线，如此，将教师自己的思想流、意识流实现出来，并且最终当引发出学生的思想流、知识流、意识流，由此长流不息。

河流是文明的发源地。古代人们都会依水而居，以水为畔。我们的中华文明发源于黄河。在亿万华人心中都装有黄河，那是我们的母亲河。在烽火连天的抗日战争中，正是《保卫黄河》的歌声鼓舞我们民族抗击万恶的日本侵略者。天才音乐家冼星海创作的《黄河大合唱》将永远伴随我们。打败了日本帝国主义之后，这些歌依然会永久地传唱下去。这歌声已成了我们民族的魂。

在念高中时，《黄河大合唱》组歌中的每一首我就都会唱。独唱的《黄河颂》《黄水谣》，还有《河边对唱》，我全都会。因为词连着曲、曲连着心，所以特别不易忘。这些歌曲让我跟黄河、跟自己的民族更加紧密地联系在一起。

黄河、长江是中华大地上的两条龙，我们也成了龙的传人。它们乃是我们民族的摇篮。

黄河的源头在哪里？“黄河之水天上来。”终于有了一个答案。黄河之水天上来，那是上天给我们的恩赐。

第二十四节　天经地义

天与地的连接，在许多情形下表现为天与人的连接，也有纯粹只指人间的。像“天经地义”“天公地道”，这两个词尤指人间。天上人间，一步之遥；一生终止之时便是去了西天，那“一步之遥”也没有了，都在西天见面了。

天经地纬，如此便布满了大地。天经地义，概括起来便布满了人间。交织起来，这就是世界。

人间有多少事是天经地义的？孝敬父母，赡养父母，祭奠祖先，这是天经地义的。忠于自己的民族，热爱自己的这片土地，心中装有长江、黄河，也是天经地义的。平等待人，尊重他人，决不去损害他人；不做伤天害理的事，不做天理不容的事，亦必是天经地义的。

切莫以为人不知、鬼不觉就去做荒唐之事。要想人不知，除非己莫为。损公肥己，危及他人之事，请坦白交代吧。越过了道德底线，触犯法律了，请上法庭吧。天经地义，在行为上必有限制了。

不同行业的人有不同的天经地义，也有与行业的不同性质密切相关的天经地义。

商界，不能囤积居奇，不能漫天要价，不能以次充好，要明码标价。政界的人士亦必有自己的天经地义。他们天经地义的第一条，可能须是做一名诚实、讲信用的政治家。

说说我们自己吧。我是从教的，一辈子铁定在学堂里待下去了。说来，我们的工作有别于其他任何一种，我们是面向人的。我们所面向的是发展中的人，成长中的人，习读中的人，在精神上充实着的人，未完成的人，未来无限可期的人，会生长出一种神秘感、神奇感、神圣感。我站在这个讲坛上，思考了人间最困难又最值得思考的无数问题。

这么多年，如果我不很愚笨，势必领悟到了许多的天经地义。我曾将学生的需要视为绝对命令。他们究竟需要些什么？如果要他们开口说出后我才知道，那就叫迟钝。我曾是学生，仅从这一点去领悟学生的需要已不够了；还有一些需要是站在自己当年学生的经验上体会不到的。教了，跟“学了”很不一样。对于所要教的，读一遍，想一遍，再谈一遍，再想一遍，还要写一遍（提纲）。要讲一节课，那么多话从哪里来啊？一本书也被“写”得更厚了。

《课程与教学哲学》是教了之后再写出并出版的。第二部《课程哲学》也如此。但是更多的书是写出之后再教的。就这样读书、教书、写书，我一直与书打交道了。

教数学的情况大不一样，我所教过的解析几何、高等代数、线性代数、微分方程、数学物理方法等，没有一本是我自己写的。

教书过程中有许多的天经地义。要好好备课，好好写教案，好好琢磨教学方法。给学生一杯水，自己有一桶水还不够，最好要有一池水、一河水，要有能流进学生心窝的水。黄河之水天上来，我的这一池水从自己的心中来，从前人那里来。虔诚地读书、教书，那水就从心中、从天上流下来了。

不能耽误学生最美好的青春时光，不能误人子弟，这种警觉是我天经地义中的一部分。还有，决不能抄袭、剽窃，甚至不得在重复他人的话时不加以申明。当然，这对于许多学者已根本不是问题，他们的使命在于做得更好。我还写过一本《给教师的 101 条建议》。这也可以说是我由对教师天经地义的领会而写出的，而凝结下来的。给天下的教师提供一份参考吧，愿他们尽快成长。

我在两所高校任校长的时间也相当长了。这期间，我势必领悟到校长的一些天经地义。若不是担任校长，有些书是写不出来的，如《校长学概论》《学校管理学》《校长叙论》等，而与校长经历间接相关的著作就更多了。即使像《人论》《人怎样变得更智慧》这样的纯哲学著作，也与我长期的校长生涯有关。

由于我有这许多的天经地义，所以心胸也变得更宽广了，可谓心宽体胖。人们说“宰相肚里能撑船”，而我说我自己是“肚里能开航母”。不会有人认为我是吹牛，历史已证明了我的“海量”。显然，这不是天生的，而是父母、老师和无数智者教育了我，历史厚待了我。

天念出的经，地长出的义，我作为人去领会，与天地靠拢，聆听天地。这就又回到了我们的主题：天人合一。人去与天合一，天自然会很乐意受之。

做人不容易，都必因不容易而更有意义。人要去做的事情，要学习的东西，实在太多了，却又因为这太多了，人的生命才可以无限增值，这就要看自己如何意识到，如何去把握。每个人的一生都是作为人的一生。仅此一点，就会是思考不完的问题。

第二十五节　天下

可怜天下父母心。我们亲兄弟姐妹九人，有人说“多子多福”，可是我所感受到的实是父母的苦，父母的艰辛，是父母一把屎一把尿把我们拉扯大。如今，我们有使不完的劲。我是从湖北沔阳家乡走进武汉的，其后又经历了湘楚大地，从这里我看到长江、黄河，看到我伟大的中华。如果说我又由大中华看到了大世界，看到了天下，这肯定不算夸大。

天下乃上天之下，苍天在上，我们在下。天之上与下，便构成了世界。世界之大，天地之意，都在我们心中。心怀天下，先天下之忧而忧，后天下之乐而乐，这是仁人志士之志向。天下兴亡，我等担当，岂能不能不为，不蓄不发?

你的心胸有多宽，属于你的天下就有多大；你若能拓宽自己的胸怀，天地就可变大。坐井观天，天就只有井口那么大。站在地上望星空，天地就会无限大。只是助你一副火眼金睛，你就能够看到山外山，天外天。能怀抱世界，怀抱天下者，情怀满满。知识装下海，情怀装下洋，海洋就存于心。比天高，比海阔，这是人人都可以做到的。若能如此，也不枉天下父母心了。

有政治家希望打天下，坐江山。殊不知，那江山始终是属于居住在那里的老百姓的。坐江山的人最多也就几十年。而天地是万古长青的，百姓是代代相传的。神州地不老、天不荒。

天之大，唯有你的爱无涯，唯有父母的心能装进天下。他们装下的是儿女，也是希望。天底下，最无私的是母爱。母亲教儿打东洋，妻子送郎上战场。为了抗击日本军国主义，母亲把儿子送往前方。因为儿子是自己的，也是国家的。抗战 14 年，中国人浴血奋战所写下的史诗，是世世代代中国人不会忘记的。

饭是一口一口吃的，路是一步一步走的，话是一句一句说的，书是一本一本读的。那么广阔的天下，能一眼就看清吗？汉字 91251 个，只能是一个一个去认，能认五六千个就相当不错了。汉字认少了，中华这个“天下”就很难装进去。汉字凝结着我们祖先的智慧，这个天地何其广大啊！我们唯有虔诚研习。

世界绝大多数国家的方位在哪里，首都在何处，我都知道，都记得，但我绝不会仅因这一点，就认为把天下装进心窝了。天下不只是自然地理，还有经济地理、人文地理、历史地理，并且心底的辽阔并不完全是由知识来确定的。知识较多而心胸狭窄的人并不罕见。唯有那些钻在天底下而又经常仰望星空的人，才可能是心胸辽阔的。人啊，站在大地上，切莫忘了抬头看天空。

我的经历足以证明，我是不想走仕途而只想走士途的人。在仕途上无心，在学术上有心，这叫不叫雄心无所谓，有想法就是了。没料到的是，我已走了相当长的一段路。我走上了哲学之路，这有其必然性；但走了这么远，多少有些偶然性。或许，在学术上，在一些好友心目中，我算是天之骄子了。我觉得这是天道酬勤。若上天不见我勤它会酬劳我吗？我前前后后写下的字，据不完全统计，当在3000万字以上，仅数学习题我就做过了1万道，学术著作已在130部以上，其中独著也超过100本了。眼下也还在写着呢！

勤不容易，勤要多练才能形成，所以，天道酬勤。若天性就勤，它何以需要去酬？上天看着我们在人间的表现呢。但我做事并不在于有没有人看着，甚至也不在意上天是否看着。

直至今日，我觉得自己还是学生，每天做着习题，做着功课。而且，是今天的功课今天做，因为明天还有新功课。这种青少年时代就有的“时不我待”的感觉犹在。“媳妇熬成婆”，我也熬过，差不多也成了“老太婆”，但学术青春这种东西与年龄关系不大。生理上的衰老没法阻拦，但心理上的衰老则可以阻止，可让自己的学术青春永驻。

在践行上，我后天养成的勤劳，应当也为上天看见了，我已走到了上天的身旁。这确实是一种美妙的感觉，能感觉到上天的恩赐，能感应到上天的呼吸声。由感觉、感受、感悟到感怀，就会滋生出感谢、感恩的念头。上天若真接纳你，为你点赞了，你说那距天骄还有多远？上天缔造了人的同时，还缔造了一代代的天骄。我们孔老先生应当在天骄之列，亚里士多德也在天骄之列。到了近现代天骄还在大量出现，相信会是络绎不绝的。哲学界、文学界、艺术界、数学界、自然科学界都是如此。哲学界有康德、黑格尔、杜威，还有我们国家的、学贯中西的大哲学家冯友兰、贺麟等。在数学界，有泰斗级人物吴文俊、华罗庚等，在物理学界有钱学森等。当然，我们又可谓任重而道远，原创性的、理论性的东西尚缺。

大自然让人神奇地出现了，人又以其神奇继续创造着神奇，创造着令大自然（即上天）也感到骄傲的事，而当事者便是天之骄子。在那些尊重人的天性，让他们有充分的自由去思考天地的环境里，这些骄子出现的可能必然增大。人与人自己所组成的社会一道去努力，就必然会有更多的天之骄子涌现出来。神奇的大自然能没有神奇的人大量涌现吗？否则，大自然自身的神奇就会大打折扣了。此种情况自然不会发生。

为正义而战的，都是天之骄子。狼牙山五壮士是中国人心目中的天骄，台儿庄的抗战英雄也是天之骄子，无数的抗日英雄都是我们平民百姓心目中的天骄。他们是奉上天之命，替天行道的。天间的骄子，亦是人间的骄子，天上人间皆以他们为骄傲。中国近代以来，备受外敌欺凌。中国人进行的斗争，最为惨烈的莫过于抗日战争了，中国人为了自己的独立与尊严，浴血奋战，作出了自己的民族牺牲。我们决不忘记历史，遍布全中国各地的抗日战争纪念馆，是我们中华民族永远的记忆，日益强大起来的中国当牢记历史。

第二十六节　上天感动

感动、感激、感慨、感染、感悟、感觉、感知、感召、感应、感叹、感念、感怀、感恩……人有多丰富，就有多少"感"；人若变贫乏，"感"字也骤减，减到极致时，麻木不仁也。

有一天，来了两位外校的教授，我和学校另一位负责人做陪同。照相时，我们坚持站两旁，两位教授站中间。这两位教授竟被感动了。平时，我们跟自己学校里的教师或学生照相时，不是站在两边，就是站在后排。他们若是要我们站在中间，我们就说：拉倒吧，不照了，反正我们长得也不好看（开个玩笑）。久而久之，习惯了，就成了我们小小的一个传统。

我们"211工程"预审大会上，专家们坐前排。我们和自己省里来的负责人都坐后排。有位省教育厅的负责人来得稍晚一点儿，她竟在前排找自己的位置，我立即请工作人员引导她在后排就座。我们学校一点儿"官本位"的影子也没有。在我们这里，是学术本位，是学生本位。

非凡容易感动人、感动天。如果平凡变得稀少了，平凡也可变为非凡。我们不少平凡的举动竟然也感动人了，很可能是因为这些平凡成了不凡。凡人做一百件事，有一次非凡还是可能的。千愚一智，运气好，两智、三智也有可能。千虑一得，不断地思考，怎么可能没有一点儿心得啊，上天都会被感动。我相信天道酬勤，不过，我不是为了受酬，不是为了感动谁，而是扪着良心做事。

此刻，正听见外面哪一家小店在播放歌曲《黄土高坡》，一听到这我便搁下笔来。原因就在于，这支歌特别能感动我。这是从祖国的大西北飘来的歌。听着这些歌，跟听江南小调、听小桥流水不一样；不一样之处就在于西北风更能让我刻骨铭心。

为什么音乐更能感动人呢？音乐是感性的，但这种感性与一般所言之感性认识很不同，它包含着想象、憧憬，能让人的思绪飞翔起来。我感谢音乐的方式体现在我的教育践行中对音乐教育格外关注。古希腊人将音乐列入“七艺”，而我把音乐置于所有教育之“艺”的首位。并且，我论证过一个命题：艺术引领科学（这个“科学”指的是自然科学）。人类没有哪一项活动是可以跟音乐切开的。

感动上天，感动自己，达成一致，即为天人合一。音乐是最情景相融的。景属于天，情属于人，天人合一就有了音乐。我的得意之作之一便是《音乐与人》。我的感觉是，写这本书比写《体育与人》要困难许多，所以延后才写出。在我的写作计划中，还有《教育与人》《哲学与人》《数学与人》《艺术与人》……我已走上了非理性主义哲学这条不归之路。我在这条路上的虔诚，上天也可看到，我相信它被我感动了，因为我自己已被感动了。为学术而学术，为哲学而哲学，这种纯净如此坚定，也是可以感动人的，我不知疲倦地走着、写着、教着，也唱着、吼着、呼唤着。

因有疲倦而不知疲倦，因知疲倦而不顾疲倦，因记得疲倦而忘记疲倦。不知疲倦、忘我精神都是很能感染人、感动人的。同样，我又觉得前提是有我，有我才有忘我，而且“我”要十分丰富，这样，可忘的东西就多。故而，每个人都需要发展我，充实我，创造我，丰富我，把“我”做大，做厚，做实，做强，这需要付出巨大的努力，一辈子不懈前行，如此，才能把人生的这篇大文章写好。人生几何？几十年的寿命，是可由自己去拉长的，弄得不好就缩短了。

对于“忘物”，也有类似的道理。有物而忘物，创造出更多的物质财富，这样才有更多可忘之物。慈善家们有高尚的道德，他们也因为创造了更丰富的财富才能做更多的慈善事业。卡耐基、巴菲特、比尔·盖茨等都是一些可敬的慈善家。当卡耐基将亿万美元捐给学界时，不图任何回报，这样，那些受捐者就能更自由地研究，从而也更有可能产出原创性成果。

如果我们把物质与精神的融合也视为天人合一的表现，是不是牵强附会了？物质是从天（大自然）那里来的，精神是从人（小宇宙）那里来的，因为从源头上看，依然是天人合一。如此看来，天人合一的现象是如此普遍地存在着。我们只是去发现这些，说明这些，揭示这些。普遍性意味着丰富性的可能、多样性的可能。天人合一确实是以丰富多样的形式展现着。

回过头来看，“天人合一”的内容如此丰富，超过了我动笔之初的想象。当然，我作为一个教育工作者，自己在已受到如此之多的教育时，更殷切地希望受教育者也能启动自己对天的认识，对天人合一的哲学的认识，从而更好地认识自己。

第二十七节 天网

天道酬勤，天道也罚懒，天道还惩治罪恶。故而，人唯有以自己的天良去对待天道，不要做天理不容的事，不要以为人不知、鬼不觉就妄而为之，天眼在看着呢。说到底，人还是要常常与天通话，与天同在，你亲近它，它必亲近你，不亏待你；在你得意忘形的时候，天会提醒你，在你忘乎所以时，天会告诉你所以然。

对于那些胆大妄为、胡作非为、敢于以身试法的人，还有一个天网布在上头。天网恢恢，疏而不漏，看他们往哪里逃。

目前，我们国家也布下了天罗地网，“老虎”“苍蝇”一起打。当社会不太干净的时候，需要有铁扫帚，需要经常洗涤，经常打扫。在干净时也需要进一步净化空气，有预防，有保健，防患于未然。人有生病的时候，社会也有生病的时候。谁为社会治病？那些有良知的政治家们，应当是为做这种事而存在的。

尽管我们可以采取铁腕手段，可以布下天罗地网，让那些敢于把手伸向国库的人无处逃遁，但还需要有综合治理。单一的惩办并非根治，有亡命之徒，也有无法无天之人，他们可能不计后果地去贪腐，让你防不胜防，治不能治。我本人不是政治家，甚至很少关注他们，但社会问题还是时常走进心中，也常议议。

除了法律，还需要有道德来维系。这还不够，还需要形成一些机制。现在，学界的抄袭、剽窃比较容易对付了，有了一些先进的检测手段。然而，随着手段在变，有些人的应对办法也在变。所以对博士论文的重复率也只能不断采用更有效的检测办法。

财产公布、财产审核，我想会是有效的办法。并且，我相信相关的法律也会制定出来的。还有独立的监督、独立的检查也是十分必要的。我相信我们国家的情况会越来越好。

在抗日战争中，我们的人民艰苦卓绝，用麻雀战、地道战、游击战布下了天罗地网。如今，中国人用飞机、大炮、导弹等布成了新的天罗地网，以应对来犯者。中国的真正强大，要靠经济实力，还要靠科学实力、文化实力，再加上我们强大的武装力量，这才使我们中华民族自豪地屹立于世界民族之林。

真正的强大是物质力量与精神力量共同铸成的，用血肉筑成我们新的长城，这就是精神与物质力量的结合。正义之师是不可战胜的，这是从战略上讲的；从战术上讲，还需要正义加上拳头，由铁拳维护正义。抗日战争无比正义，可是，当时我们的拳头不够硬，付出的代价太高了。中国人唯有让自己多方面的实力增强，才不会挨打。这需要精神与物质力量两方面都强大。

正确与否、合理与否，这是性质不同的两个问题。自然科学中，讲的是正确与否。在人文科学中，则多是合理与否的问题。张三这样做人，李四那样做人，不属于谁正确、谁错误的问题，但在合理性上可能有差别。同一支歌，王五这样唱，赵六那样唱，只要音准都对了，就看谁表演得更优美、更动听，将歌曲演唱得更合理了。正确与否的答案只有一个，合理与否的答案则多样。

正确与否、合理与否，相应的标准由谁来定？上天定吧，上天有眼，那叫作天眼，它看得最清楚。天眼看着人间呢，谁在做好事，谁在做坏事，谁是好人，谁是坏人，它都看得清。“要想人不知，除非己莫为。”要想你知，我知，天不知，地不知，是做不到的。有些人偷偷做的那些不合理之事，总会大白于天下的。天眼看着这一切呢！

“群众的眼睛是雪亮的”，这个“群众”是“天”吗？其眼是“天眼”吗？若是，那么，天眼和人眼还是在一起的。天在看，人也在看，于是，我们仍然回到了天人合一的主题。这样，人就需要有一种自觉，当自己如此这般看时，得想想天是怎样看的。我们人看问题时，是主观的（不等同于主观主义），天看问题时，是客观的（也不等同于客观主义）。主客观会合，天与人会合，就更接近真理了。于是，人主动与天眼一起看问题，是最好的途径。

人的眼睛长在脑袋上，也是长在人的心上。透过人的眼神，可以看到人的心。心眼是相通的。

良有好的意思，但在修辞上，不能把“善良”说成“善好”，也不宜把“优良”说成“优好”；反过来，把“真好”说成“真良”也不适当，把“太好”说成“太良”更不适当。良与好，分别组词，词意可相去很远。把“好自为之”说成“良自为之”，实在太别扭了。“良心”与“好心”也有微妙的区别，良心这是对自己的，好心有对他人之意。好心人即对他人怀有善意者；有良心的人容易成为好心人，其中，也有好心不得好报的情形，这与自己将好心变成行为时的检验有关，也与他人的感受有关。为人处世，为人是前提；但有了好的前提，不一定能保证把事做好。动机与效果当求得一致。这是要去“求”的，人不能止步于好的动机，动机再好，还是要从效果上检验的。医生的动机还会不好吗？但动机好不能保证把病治好。所以，动机好要落实在不断提高医术上。教师都有对学生的良好愿望，但对自己的教学必须精益求精。肚中光是有货还不行，还要有良好的方法将货倒出来。

好心有好报，但人并不是为图好报而拥有好心的。有好心，也不一定能做好事。这都表明，做人不容易。学着做人，学着做事，这两方面都有大量的内容，要学的东西实在多。在做人方面，要学会尊重、学会理解、学会体谅、学会关心、学会思考、学会演说、学会幽默、学会坚守、学会感恩、学会思念、学会孝敬、学会宽容、学会厚道、学会与天地日月对话、学会与江河湖海对话……做人离不开做事，做事的内容也很多，要求有多高，这要自己怎样估量自己。一般而言，对自己高估一点儿的好。传统中的“不自量力”“自以为是”一类的说法，是不科学的，因而是有害的。一般人低估了自己。心理学家研究的结果是，一般人只挖掘了自己潜能的百分之十五至二十。由此观之，人的潜能几乎是无限的。“一切皆有可能”，这是一个很好的理念。还有一说：不怕没做到，只怕没想到。“事在人为”“有志者事竟成”“功夫不负有心人”，这些理念更好。

第二十八节　天公地道

天公地道，公道、公平、公正等是人间的追求。人生而平等，可是不平等总是与我们相伴，于是就寻求公正、公平、公道，以便与平等尽可能靠近一些。然而，对一个团体、一个社会而言，则应做得更好，做到天公地道，能经得起上天的评判。至少，我们都相信上天是公平的，它不会偏袒任何人。

有人认为，关键在于机会平等，起点上公平。可是，城里人的机会比乡里人的机会就多些；富人子弟比穷人子弟的条件好些，机会也多些。问题是，这贫富之差又是怎么来的呢？乡里的人机会虽少，但成为顶天立地的人也有。三兄弟从同一家庭出去，无贫富差别的问题，也无城乡起点不同的问题，却在结果上很不一样，上天在起点上给予的没什么差别，命运却不一样了。这还在于每个人把握自己命运的情况不一样，与上天配合和呼应的不一样。公道不公道？公平不公平？

父母对排行最小的更疼爱一些，这公道吗？我的一个弟弟是老幺，曾认为父母更疼爱他，像到十里外的另一个镇上去请姑妈的事总要我做，我便觉得不公平。事后想来好笑，我比老弟大 3 岁，让他去就公道了吗？事实证明，父母没偏爱过，也没忽略过兄弟姐妹中任何一个人。我母亲就是从汉口坐船到嘉鱼去看我三哥而不幸因医疗事故离世的。儿女个个都是她身上掉下来的肉啊。我在手足中排行倒数第二，从父母那里得到的关爱，一点儿也不少。

我念高中时，是校学生会副主席，在大学八个学期我都任班长，公道不公道？按现在的想法，我应当主动一些，使其他同学也有机会当当班长。当然，这是同学们推选的，但若他们努力去争取，不见得不可轮流做做。然而，我没那个觉悟，心安理得地当着班长。

1981 年以后我担任了学校的主要负责人，这就由不得自己了，那是任命的。一方面我还没有那个胆量推绝；另一方面，我还预计到当校长可做的文章不少。能做好一任校长，此生足矣。所以我把全身心投入了工作。我付出了，上天不负有心人，或许它给予我的回报超过了我的付出。这算是我对上天的一个呼应，而上天真的做到了天公地道，给了我很多很多。从根本上说，我持做人当多给予（give）而尽可能少索取（take）的人生信念。实际上，大自然赋予我们的实在是多，应有尽有，我们当感激不尽，当知感恩。

作为教师，喜欢成绩好的学生是可以理解的；但忽视成绩差的学生是不公道的，不可原谅的。一些当年看似差生的人，不少在后来成了大器，这在中外史上都不罕见。我曾是校长，更是教师。作为教师时，博士考生们都认为我是公道的，这样，他们就愿意报名，只需自己努力就是了。不过，每每因为报考的人很多而使考上的概率较小。但考没考上他们都不会怨天尤人，因为分数面前人人平等（有时是书面考分加面试考分）。这样做的结果证明，我所招收的博士不少人在后来卓有成就。

作为校长，可能更需要做到天公地道，不存什么杂念。换句话说，上天对自己是足够公道了，上级对我如此信任，把一所大学交给了我和我的团队。或许，我们是值得信任的，可是，若不值得信任而被信任了，那岂不是包含对他人的不公道了吗？当然，历史证明上级对我的信任没有错，我们不是混过来的，我们不平庸。湖南师范大学经过我们的治理，发生的变化之大，有众多的文字（包括档案文字）书写下来了。

历史是人写下的。每个人写下每个人自己的历史，一所大学里的人写下这所大学的历史。在大学的历史中，大学校长的着笔当是最浓的，弄得不好，不但不是浓墨重彩，还可能是黯然无光的。这就看大学校长怎样理解大学，怎样为大学付出了，是否会为了大学而磨砺了自己的智慧。在我看来，为了一所大学的兴旺而付出，怎么做都是值得的。这种付出不只是时间、精力，还应包括智慧——知性智慧和德性智慧。或者说，把对高等教育的哲学思考与自己的践行达成了一致，把对高等教育哲学的研习与自己的日常工作联系起来了。详细一点儿说，真正做到天公地道不只是一种追寻，还应是一种智慧。

数以千计的教职工，数以万计的学生，若没有公道自在人心，整天沸沸扬扬的，还怎么读书、怎么教书啊？这样，就应当建立有效的渠道，便于师生员工投诉或申诉。我任校长时，每周有一个接待日，其内容之一就是听取师生意见，包括他们的投诉。这确实是起了一些作用，化解了一些矛盾。如果路都堵死了，矛盾风险就大增。只有聚集，没有释放，还不爆炸吗？一个人的肠胃尚且需要疏通，一所这么大的学校，能不及时疏通吗？

公道与否，跟人的感觉有关。你感到公道的事，他人不一定感到公道。有的人觉得时局能让我吃饱穿暖，就感到公道了；有的人觉得别人那么富有而自己能花的零用钱都不多，就感觉不公道。众口难调，各个人的口味不同，对公道的感觉就不一样。有人在物质生活上知足常乐，有人总不知足；有人在精神生活上永不知足，永求上进，而在物质生活上所求不多。总之，人间多样性是必然存在的。

第二十九节　天年

你活得多久，你的天年就是多长。这就是大自然给予的寿命。不只人如此，其他的事物也如此。

时间从哪里来？辞典上说时间无始无终，若果真如此，时间就没有了来源问题，也没有了去哪里的问题。但事实不是这样的。时间是随着宇宙大爆炸一起来到的；空间同时来到，时与空一起来到了。这样，宇宙也就开始了自己的生命。

地球的生命是什么？就是它拥有的时间。如今它已进入中年，还青春焕发呢。再过二三十亿年，它就老迈了，青春不在，生命还在，它或许会老而不朽。我们对地球有特别的感性，因为它神奇般地缔造了我们人类。无论有没有神，我们都会情不自禁地认为地球是神奇的，并且把最神奇的那部分放在了人身上，于是人也格外神奇了，神奇得连人自己也无法把自己解释清楚。

人可以安享天年，把上天给自己的年月好好享用。当然，什么才算好好享用，每个人的看法很难是相同的。这也必然具有多样性。不过疾病总跟人类相伴，善于与疾病周旋和抗争的人，才能在事实上安享人生。

我本人当然十分明白，上天给予自己的天年，那就是给我的时间，我的责任就是去充分地享用它。安享似有心安理得的意思，我倒觉得在享用给我的时间时，多是忐忑不安的，生怕耗费了时间，生怕没利用好天年。换言之，我提醒着自己，警惕着自己。没有任何一点儿烦事愁情是不太可能的，但我都努力将它们置放在我心窝的一个偏僻的小块地方。我不会轻易让自己或别人造成的烦事愁情来打扰自己，更不会拿别人的错误来惩罚自己（康德语）。这又叫作人的独立性。

时间对任何人都是公道的，可谓天公地道。古人云：一寸光阴一寸金，寸金难买寸光阴。然而，有的人珍惜它，有的人挥霍它。儿时觉得未来的时间是无限的；年迈时，就掐着指头过日子，挥霍不起了。一辈子把时间牢牢攥在自己手里不容易。能活 90 岁的人，若能把这 90 年时光中的 30 年牢牢攥住就应当算相当不错了。我已活了 84 年，最近这 40 年算牢牢攥住了，这应当算很不错了。无论地才，还是天才，攥住了时间的，方为才。

还是那句话：人首先不在乎活多久，而在于怎么活。前者不是完全由自己决定的，但后者可由自己决定。外界若有不良影响，自己可以去管控。人要自己掂量自己，自己相信自己，自己鼓舞自己，也要自己管控自己。这都是靠自我完成的。

每个人的生命史，就是每个人的时间史。小鸟、小草的生命史也是它们的时间史。所不同的是，人可以写下自己的历史，而小鸟、小草的历史需由人来替它们写。人写出过海洋史、冰川史、地质史、社会史、人类史、地球史、宇宙史，还有人间的文化史、教育史、艺术史、人物史、乡史、县史（志）、校史、厂史、家史、队史……所谓史，就是过往的时间；文化史、科学史等，就是文化、科学等各自经历过的时间。历史学为何特别重要？原因就在于，它不仅记下过往，还可昭示未来。

一个人或一个社会所做的事的总和做分子，时间做分母，这就是劳动生产率。这种“率”的大小决定了社会的活力、社会发展状况，乃至决定了其合理性。别人一年做的事，你一个月就完成了。这相当于你活一个月等于别人活了一年。

时间是“天”给的，事情是人做的。人好好地与“天”配合，“合一”了，就特别有意义。有效率地做事，很可能是安享天年的最好方式，也是天人合一的好方式。人间的职业有千万种，上天给人的机会有万千种，好好抓住这些机会，把属于自己的时间拼上去，这就是成功。“失败是成功之母”，此言不错，很让人励志。但是，这还不够，还要加上一句：“成功乃成功之父”。父母同在，才有强大的生命力。人的聪明不在于没有失败，而在于有较少的失败，不重复同样的失败，成功多于失败。

近 40 年来，不少人认为我是成功的，有些评价也实在是太高了。然而，我是冷静的，从未飘飘然。在我任校长之初，投向我的不乏怀疑的眼光。此时，我是安全的。大约过了 5 年后，我几乎是一呼百应了，此刻，我却是危险的了。知危险，才少危险。有人注意你，比没人理睬你好，但又不是全好，也可能让你误会了自己。只考虑如何安全，反而不安全；不时地想想有何不安全，反可能更安全些。当然，也要有冒险精神，向安全挑战，持久的安全反而令人麻木，反而不那么安全。这似乎太复杂了，可是，无复杂就无简单。还有，在物质生活上简单些，在精神生活上多样化些。在繁简之间自由穿行，好好拿捏，简简单单，化繁为简，变简为繁，这就是生活，这就是人生。

天对人，是单一的。人对天，是多样的，以种种不同的方式去体会上天，又以种种不同的活动和践行去回报上天，感恩上天。

我在两所高校的 20 多年工作中，似乎没有出过重大的决策失误。回头看看，提炼几个工作要点出来吧。

——在决策的会议上，我从不抢先发言。

——不只是想着此项决策将会带来什么好处，亦必想想可能有什么坏处。

——不只想着如何成功，亦需想想可能的失败。

——作出了初步决策后，还搁一两天，回头再来议一下，再议时在方法和过程上都有所不同。

下象棋，走一步看一步，是低水平；走一步看两步，水平就较高了；走一步看三步，乃至有个通盘考虑，那就是有预见，就是更高水平了。从下象棋中获得的这种感悟，我自然地运用于学术，运用于行政管理。这样，不少人认为我们的决策具有前瞻性。有些教师说："张校长所做的事，我们往往要在三五年之后才明白他当初是怎样想的。"下棋虽是好玩，但也可从中学到不少东西。因此，我还专门论述过"玩"是一种不可替代的学习。体育是玩，音乐是玩，是了不起的玩；如果把读书、写书也变成了玩，也有了玩的感觉，那便是莫大的成功。也有人问我："如此长时间地干活，累不累？"怎么会不累呢？又怎么会只有累呢？酸甜苦辣、严冬炎夏，都是上天的赐予和恩惠。天赐给了人以少年、青年、中年、壮年、老年，我们都需要去接受和享有，这些都在天年之中。

第三十节　天冷，天热

学者把自己的书房称为寒窗，冬去春来，春往夏来，我们就在这寒窗里去打开天窗，去与天地日月对话。由此，我们才知晓了许许多多，知晓了宇宙间和人世间的大量故事。特别珍贵的是，我们在与天地对话的过程中，一天天更为知晓了自己与天、与地的一致性。

人既要冷静，又要热情。一味地冷，一味地热，都不可取，也不可能。何时冷，何时热，得自己掌握。做学问时，需冷静、清净，在吵吵嚷嚷的环境里学问是无法做下去的。可以两耳不闻窗外事，可以不听窗外声，但不能不想窗外事，我们还要爬上天梯，打开天窗，到天堂里去走一走，想一想，还要不时地回首。

总的来讲，可能在做事时要冷，三思而后行；做人、待人时要热情，不可冷漠。对人要热情，对天要热情。对事要冷静，多想想自己还有哪些做得不够好，还可不可以更好。如此冷静，才可能把事情越做越好。冷静了就不易钻进死胡同里去，不会只往一个方向去想，才能进得去，出得来。

民间说："冲动是魔鬼。"哲学家说："不要拿别人的错误来惩罚自己。”冲动时，容易作出误判，做出格的事。不冲动，是把控自己，不因他人之错来惩罚自己。实在说，那也是特别不划算的事。在此，强烈的自我意识是格外需要的。通常，我们需目中有人；在一些特殊情况下，也需目中无人，对有些人，你何必多在意啊。公正自在人间，对于个别人的误判不必当回事。

这些个别的例外不能动摇我们对人要热情、对天要热情的信念。无论天对我们怎样，无论他人对我们怎样，我们都始终秉持这个信念，虔诚对天、待人。待人好，是一门大学问；待天好，也是一门大学问。待天、待人都好，是一门更大的学问。

无论对天还是对人，都在于自己能扪心自问，都要听从自己内心的呼唤，自己心中有一把尺子。良心、良知、天良，就在于有那把尺子，并且首先是用于量自己的。量化人时，尺度可以宽一点儿。这又叫作责己严，责人宽。甚至责“人”的事不必去做，各人自己去检点自己，圣人也要“吾日三省吾身”，凡人总要四省五省吧。

做教师时所持的那些原则，自然地转移到做校长之时。此时，我只看教职工的长处，看他们擅长的一面、优秀的一面。我的义务是跟教职工一起来建设和发展自己的学校，你去管他们的短处干什么？不是有扬长避短一说吗？水到渠成，走好过程，结果自然不差。只问耕耘，不问收获，此言不错。这样，我就很坦然地面对学校、面对教职工、应对自己的良心。

实际中，我们都自觉或不自觉地呼应了 2400 多年前的一句话：认识你自己。

一件事，唯有在它既重要，又特别不容易做到的时候，才有意义，才更为珍贵。

每个人都是不同的，如果千篇一律、千人一面，那么“认识你自己”就有了统一的答案，心理学这样的学问也就不会出现了。可是，正因为认识自己的心理或灵魂既特别困难，又特别重要，心理学即灵魂学在古希腊就诞生了。1899 年，冯特建立了实验心理学，可是，这主要是偏于认知心理学的。因而，实验心理学永远也不可能取代思辨心理学。教育心理学、青少年心理学、特殊心理学、病态心理学以及具体到各个学科的发展心理学等，都是无法由实验心理学来替代的。我本人也写了发展心理学、数学教育心理学、儿童心理学方面的书，都是从心里来的心理学，因为都是思辨性的。一般人多多少少会理解到关于“心”的一些学问。心贴着天，便能有思辨性的心理活动。人在儿时自然地贴着天，于是就有了思辨心理。然而，实验心理学很晚才产生，一般人也难以企及。

心贴着天，就是人贴着天。由此可知，思辨心理学便能理解成天人合一的学问之一。天让人神奇般地拥有了灵魂，而人又神奇地让自己的灵魂与天在一起。思辨性的天人合一哲学，也就是经由人而把控了这种神奇后必然出现的。

第三十一节　天趣

天趣者，天生的兴趣也。人有天趣吗？有，人天生喜欢玩，喜欢耍。我甚至觉得，教育就是引导学生玩，把读书读得有玩的感觉了，是一种了不起的成功。我本人从小爱玩，这没有任何特别，它是天趣，人人都有。区别在于后天玩得不一样了，各有各的玩法，各有各的玩的内容。后天的玩，是人的天趣的继续，让人玩出个天地来，则是教育的责任。

有人认为，兴趣不是天生的，然而，对玩的兴趣就是天生的。小狗、小猫会在一起打闹，儿时一群伙伴在一起也吵吵闹闹，说说笑笑，蹦蹦跳跳，为何？天趣也。当然，许多兴趣是要后天培养的。那样容易对刻苦攻读有兴趣吗？直到你从其中感觉到了乐趣，才会苦去甘来。此时，才可谓有了兴趣，这是后天“长”出来的。

有人问我：“你长期伏案写作苦不苦？”怎么不苦啊，颈椎病很严重了，眼睛也高度近视了，0.1 的视力也达不到了；然而，若只有苦，能坚持下来吗？至少是从苦之中产生了乐，或许是有了更多思想的流淌，有了更多可写、可教的东西，并由此觉得没有愧对父母和先祖，没有愧对学生和他们含辛茹苦的父母，也没有愧对自己的民族和养育了我的这片土地，进而还因成就感进一步生成了幸福感。

我还认为，上天派我到人间，首先是让我受苦的，让我经历磨难的。哪有什么天生的兴趣和乐趣啊？各人的兴趣是如此不同，都是后天形成的。有的人觉得打麻将好玩，有兴趣。我从父亲那里就学会了打麻将，后来上学了，命运发生了改变，从此再没有与麻将有染。应当说，虽然说任何人都难以不受环境的影响，但也可以说，任何人都是可以把握自己命运的。随波逐流是人生之不幸，教育是帮助人顺应天意，从而把握自己命运的。天人合一了，是莫大的幸运，常常去领悟天意的人，必定是很好把握了自己命运的人。

可以说，我现在的兴趣十分广泛，生活中，除了教书外，还唱歌、打乒乓球。但爱好也不能宽泛无边，不能到处都只是蜻蜓点水，不痛不痒，还需要有专深的。我自认为在哲学的路上走得更远了，还可以说有了哲学习惯，有了哲学的兴趣爱好。不到长城非好汉，我心目中的另一座长城就是万里学涯，不到哲学（境界）非好汉。

尽管我的知识相当广泛，但我也有缺陷。常言道，知己无知者乃最重要的知，才更能知晓未知世界之大。学界给我的溢美之词不算少了，但我一点点的飘飘然也没有，原因就在于我知晓未知世界有多大。

“自以为是”乃贬义词，然而，我们只能自以为非吗？如果说自以为是日子就不好过，那么总自以为非，这日子就无法过了。“孤芳自赏”亦似贬义的，然而，一个人若一点儿都不觉得自己有可供自己欣赏的，这日子又怎么过？这好像是说知识分子的清高，知识分子的自我欣赏。我大小是个知识分子，我觉得知识分子的清高是个优点。清高意味着独立人格，不随波逐流，不同流合污。“自不量力”也是贬义的。然而，据心理学家的研究，不存在什么“自不量力”的情形，只存在低估了自己潜能的情形。由此，我觉得，我们的语境需要改善，我们的社会需要更大的包容度，以让人们鼓起自信的风帆，乘风破浪，勇往直前。

我本人对人对己都怀着积极的态度。冷热也适度，对人要热，对己冷一点儿。“失败是成功之母”，这是一句很积极的话，但还不够。还要加一句：“成功是失败之父”。人在失败与成功之间行走。屡战屡败，屡败屡战固然好，但没有成功怎么行。一般来说，不可能不经历任何失败，但成功总要力求多一些、大一些，失败难以避免，但使之更少一些、更小一些，是可以做到的。

我所做的事，大体上也可分为两大类。一类是做学问，一类是搞管理。两者之间也有联系。搞管理只是学校管理，属于公共管理之列。虽然如一般管理那样也涉及人、财、物，但有两桩很不一样，一是，我们这里的人都是搞学术的；二是，我基本上不管财物，这类管理一直主要由团队里的刘志辉等把握，这样，我就可以把做管理与做学问更紧密地联系在一起，把学问也做到管理中去了。我写了一本《校长学概论》，又出版了《学校管理学》的著作。这是把做管理与做学问直接联系起来的产物，我还写了《管理哲学》一书，也在这类产物之列。

其他方向如学术研究，则大都与管理还有间接的关系。例如，我对教育的领悟，对哲学的领悟以及对人本身的思考与研究，也间接地与做校长有很深的联系。所以，我不仅不觉得搞管理多余，耗费了时间，而且我觉得自己写作的灵感来自管理。当然，我还有一种看法，做教师的人，有义务花一些时间于管理。一则，学校还是由行家来管为好；二则，从学校管理中可以更全面地知晓教育过程的各个方面。我的著作中直接写教育或以教育为背景的哲学，有十多部，而纯哲学性的著作更多，却大都与人有关系。我走在非理性主义哲学的路上（以人为主的哲学），有其必然性。《人论》《人怎样变得更智慧》《人生格言》《关于人的问题》《思想的流淌》（此著作书名中无"人"字，全书中共有 3409 个"人"字，这不是凑数凑出来的，而是流淌出来的，从心灵深处流淌出来、喷涌出来的）。

我对大自然的认识很不够，因而，在理性主义哲学上没有建树。我的《数学方法论》靠近了理性主义哲学，但这可能不是理性主义哲学的主流。恩格斯的《自然辩证法》一书，可谓理性主义哲学的一部杰作。古希腊人已有了辩证法的卓越研究，但还没来得及做到自然辩证法上来。人们常说，哲学家们总是情不自禁地走近亚里士多德，毫无疑问，恩格斯也靠近，并对亚里士多德、黑格尔有深入研究。

大自然由物质世界和精神世界共同组成，精神世界存在于人身上。可以说是人带来了精神世界，也可以说是大自然赋予了自己一个精神世界，仍然是上天与人合作的结果。奇怪的是，精神世界所隐藏的秘密比物质世界多得多。这还不只是个数量问题。精神世界的学问更深奥、更奇妙、更神奇，更深不可测。

科学、哲学、艺术是相互联系的，艺术的范围或许更大。我写了 1400 多首诗，亦可算在艺术之外。我因从事数学、教育学、哲学，而获得了不少诗意；这些诗意又回到我的哲学和数学研究中。我有一首长诗，名为《人颂》，又有一首名为《树赞》的诗，写人、写大自然都有了。我的《人颂》似乎是《人论》的姊妹篇，只是它们的表达方式迥异。如涂如画，如画如诗，但诗与画是有区别的，诗用情感说话，画用线条说话。我的论著中，常常有一些散文诗的段落出现，这也很自然。

诗必是由情感凝练出来的。我的九本诗集都在古稀之年以后写成。因此，花前月下的感觉没有了，有的是对哲理的感觉。因而，我的诗歌被人称为哲理诗。《人颂》《树赞》《与神聊天》《梦里》《活着时想到》《天籁》《有言自语》等都属于这一类。

我写过 1400 多首诗，能唱 1000 多首歌。但是，很遗憾，我不会作曲，别人也没把我的诗谱成曲。好像有一个例外，1969 年我在古丈爬五里坡时，灵感迸发竟唱出一个《五里坡》的曲子来了。当时没有简谱记载下来。这种本就遗忘的东西亦必不见踪影了。

“无限可能”一语或许包含某种悖论。如果是指达到无限的可能，那就永远只是可能，走得再远也还没到无限。如果是指有无限多种可能，那么，都让你选择吧，你能选择的可能只会是有限的几种。还有，一点儿现实性也没有的可能，称得上可能吗？

人去与天合一尚需百倍千倍努力。在这条天人合一的道路上，我们还有很长很长的路要走。我们不会停歇的，上天也不允许我们停歇，我们自己已经深深领悟到了这一点，并坚定地走下去。

第三十二节　天渊

天地之差就不小了，天渊之别，则更大了。渊可是个无底洞啊，深渊何其大矣。

亿万富翁和一贫如洗之间可谓天渊之别。我在 1969 年去过湘西，深知一贫如洗在现实中是事实。一家人只有一床稻草被。当然，从此我跟自己的同胞靠得更近了。我本人对物质生活几乎不再有所求，近 40 年来，我们早已衣食无忧。物质生活上，我极易满足；同时，精神生活上、学问探寻上，永不知足。物质生活上知足，是奉天之命；精神生活上永不知足，是奉自己内心之命，我与天一起联合发布命令。物质上，知足常乐；精神上，永不知足，唯有如此才永远快乐。

知足常乐与永不知足之间也是天渊之别。当亿万富翁将自己的财产基本上捐给了慈善事业之后，他们消除了千差万别，消除了天渊之别。人间的鸿沟是可以自己扩大，又可以自己缩小的，有些就靠自己，靠社会，却也是靠社会中的自己。

那些慈善事业发达的地方，固然与人的醒悟有关，更重要的还是机制。例如，高额累进税、高额遗产税已被证明十分有效，那便是机制的作用。人们常说：制度比人强。可是，制度也是人去制定的，更是由人去执行的。强的还是人。而人如何才能强呢？这又与制度设计的关系十分密切。这都表明了人与社会之间的复杂的关系，可是，归根结底，是要由人去变革和推进社会发展的。

文盲与文豪之间的差别是天渊之别。如果文豪对文盲漠不关心，他们的豪气就要打上一个大大的问号。然而，这又不是一两个文豪个人的事，关键还是教育问题。人类历史有300多万年，教育的历史也是300多万年，一天也不少。这有一个社会教育问题，又有一个自我教育问题。教育普及是社会问题，自我教育是个人问题。任何社会教育都要通过自我教育而显现效果。社会发展靠的是千万的因素。教育并不是万能的，可是，没有教育则是万万不能的。教育的作用究竟有多大呢？学者们有研究，有回答；平民百姓无研究，却也有答案：我们子子孙孙都需要它。

教育有300多万年了，可是300多万年以来对于“教育是什么”一直没人回答。直到1848年，一位德国人逻逊克兰兹才以他的著作《教育体系论》作了回答。后来，一个美国人将此著作译成英文时，书名就改为《教育哲学》了。至今，世界上的“教育哲学”著作数以百计了，我们中国就有50多个版本。并且，我认为不对“人是什么”有一些回答，是不可能回答“教育是什么”的。能够把“人是什么”说出个千分之一二就很不容易，但为了弄懂“教育是什么”的百分之一二，就必须尽可能去弄清那千分之一二。对于我，这两个问题是难舍难分地联系在一起琢磨着的。

教育是人最伟大的创造，它伴随了人类整个的演绎过程。无论怎样，教育是消除或缩小人间天渊之别不可或缺的人类活动。若患了病，就没法活着，人类的发展、人类的理想，是永远也不可能离开教育来实现的。

我任学校负责人的时候，曾经什么奖、什么课题都不做。“与民争利”，这算什么？这是校长应该干的吗？问题也来了，在申报博士点的时候，我的相关栏目都是空白。于是，后来就报了个奖，一下子拿到的就是国家教学成果一等奖。这样，博士点也就到手了。此后，我依然如初，依然故我。这是我们教育中的一个弊端啊！有奖才被认为水平高，这是弄颠倒了啊；应该是水平高才有奖，并且与有奖无奖没有关系。

顺便说一下“失落感”的问题。我卸任后，有好友问：“你有失落感吗？”我当即回答：“没有，一丁点儿也没有。”如果我在职时拥有特权，一卸任，特权没有了，就会有失落感。而我在岗时，无任何特殊待遇。我在任时很不喜欢那些被溜须拍马的事。有人说“旁观者清”，我看不一定，我不信站在大学之外的人比在大学里的人更清楚大学。但我们一定要明白什么是自己可决策的，什么是上面才有权决策的。

我身边也存在有失落感的人。当有人问我“有过失败吗？”“有过失算吗？”我还真想起来一件事，一位二级学院的负责人，任期到了，我便让人事处告知他是卸任的时候了。事后，我得知该负责人很怨我。后来想我当时的处理过于随意。

本应当说的话，如“你任期内学院得到了很好的发展，很感谢你，劳苦功高”，这样的话都没说啊，实在不应该。吃一堑长一智，失算了这一次，以后再没有了。可是，这“一堑”也应当是能够避免的。还是愚策啊、迟钝啊，不能千智一愚。

第三十三节　天问

我们的民族是勤劳勇敢的，我们民族的勤劳与智慧创造了灿烂的中华文明，我对此深信不疑。然而，有两点是可以想见的。

首先，在这一创造的过程中，必有一批人觉悟得更早，更早意识到自己的价值，同时在变化发展中与自己的民族更紧密地联系起来了。这些人可称之为先知先觉者，大彻大悟者。

其次，我们为什么歌颂勤劳？如果人人都是天生勤劳的，还值得歌颂吗？这种歌颂是用以唤醒那些“懒鬼”的。歌颂勇敢，也有同样的道理；没有胆小鬼，有必要歌颂勇敢吗？勤劳勇敢的中国人是百分之九十九点九九九；若是百分之百，可能也不必多说什么了……

先从创造一些问题开始：

1. 逻辑与直觉，哪一方面是先天的？

2. 归纳与演绎，哪一方面是先天的？

3. 分析与综合，哪一方面是先天的？

4. 理性与非理性，哪一方面是先天的？

5. 人的共性与个性，哪一方面是先天的？

6. 追寻与信仰，哪一方面是先天的？

7. 为什么有先天与后天之分呢？

8. 智与愚，有一面是先天的吗？

9. 孝与不孝，有一面是先天的吗？

10. 愚与不愚，有一面是先天的吗？

对以上的十问，综述一下，对我们感兴趣的几个问题作一些简短的讨论吧。

分析与综合，哪种思维方式、哪种能力具有先天性？从小孩子身上看，他们不是从整体认识开始的。一个玩具给他，他首先就想去打开看看，拆开看看。所以让小孩玩积木，练习把一小块一小块的零件拼起来，这就是练习综合。他们先天是会分拆的、分析的，后来需训练他们综合。但先天的分析，是十分宝贵的，富有创造性的。现实的事物是以“合”的状态存在的，人的思维确是先去分，通过分而达至“合”，已非原有“合”。

数学中有分析数学，化学中有分析化学，物理学中有相当于“分析物理”的结构物理、粒子物理。这些学科所显示的，都是由先天的“分”去认识事实上的“合”。

哲学上，有过“一分为二”还是“合二为一”的争论。实际上，事物都是以“合二为一”“合三为一”“合多为一”的形态现实地存在着；而在思辨上，我们总是将事物“一分为二”“一分为三”“一分为多”去把握的。政治上，喜欢“斗争哲学”的人强调“分”，喜欢调和的人，则喜欢强调“合”，和稀泥，做和事佬，都无妨。这是政治，与学术不同，我们还是从学术上看。

一生二,二生三,三生万物，这样，“在”或“有”就被理解为一个过程了。

对事物的认识是从对细部、细节而到达整体的；因为这种认识过程是由表及里、由里及表，来来回回的、分分合合的。分是过程，合是结果，过程更重要，走好了过程，才能保证有好结果，即达到较为正确的认识。在这个过程中，若不只是分析问题、解决问题，局部还能发现新问题，提出新问题，那就是更高档次的创造，可称之为原创的创造。

再讨论一下理论与非理论性的关系吧。一般都认为，非理性（即人的情意是先天的）。人先天就会哭、会笑、会闹、会叫、会吵、会跳，也天生好玩、好耍。相对而言，理性的方面是后天逐渐形成的。上课铃声响了，需立即进教室；上课了，需安静地听老师讲课，控制自己不要开小差，不说小话，不发出响声来影响别人，等等。考试快临近了，不用父母提醒和催促，自己就该自觉复习一下了。

进了学堂，接受教育，当然更要接受理性的训练了，好好背书，好好做数学题，亦即知晓自然界的理性运动，还要按一定的结构去写作文，去练习写作，提高运用文字的能力，按时完成教师布置的作业，复习功课。

按康德的教育观来说，教育就是要使人尽早接受理性的指挥，使人成为理性的人。这是康德理性主义哲学在教育领域里自然的延伸。他认为，教育是人类最困难的艺术之一（另一是政治的艺术）。遗憾的是，康德忽略了三点：一、人的先天的非理性，在后天，在教育中，也需要培育和发展；二、非理性的心理对于人的创造的影响相对更大；三、非理性方面的培养和训练也更不容易。

天才的康德，主要有两大贡献，一是他的哲学，二是他的天演论、天文学。后者打开了人类认识宇宙之门，前者给人类带来了智慧，首先是在德意志领土上呼唤出了一大批思想家。这两大贡献中的任何一桩，都是可以永载史册的。应当说，康德对教育理论方面也作出了贡献，然而，远不如他在哲学和天文学领域的贡献。他的理论主义哲学，对于他的教育观念的影响，是良莠并存的。我们甚至可以说，在欧洲曾十分落后的德国，由于康德的出现，而于 19 世纪发生了根本性的变化。

哲学对于一个民族的决定性作用，是从古中国、古希腊直至近代的英、法，甚至 19 世纪的德国，事实所充分证明了的。因此，在说到我们中华民族的复兴时，我认为是少不了我们中华哲学复兴的。谁来复兴？唯有我们中国人自己。本人自觉到了这一点，并用多方面的行为体现了这种自觉，这里的行为包括：第一点，写出了约二十部哲学著作；第二点，给研究生们不停地讲授哲学，开出了高校哲学课程；第三点，也是特别让自己高兴的是：我为初中学生系统讲授哲学了，也算是了结了自己的一个心愿，表达了我对哲学、对教育、对学生的一片深情，也算圆了一个哲学梦。毫无疑问，我在哲学上也表达了对父母、对先祖、对民族的赤诚。

直觉与逻辑相比，有两大特性。第一，直觉是先天就有的（当然在后天尚需要发展）；第二，直觉属于创造性思维。这两方面合起来又说明：创造是人天生就有的。（仍不得不补充一句：后天尚需培育）。归纳与演绎的关系也具有这两方面的特性。因而，再一次表明，人先天具有创造的潜能，只待教育好好去开发，教育履行使命。

对自由的寻求是人的本性，对知识的渴望也是人的本性。因为是本性，所以从小孩子身上就可以看到；因为从小孩子身上可看到，所以它们是本性。然而，对知识的渴望，加上对自由的向往，这就是创造。这一推理是成立的吗？若成立，就又可获得一个结论：创造也是人的本性，或者说，也是人的天性。

求知、自由、创造皆为人的天性，然而，在一个一个人的身上体现绝非易事。求知是要付出艰辛的、付出汗水的；自由的把握也需要有巨大的付出。自由何在？自由何来？自由何去？把这些问题弄明白，就不简单。自由是什么？连一些科学家也不特别清楚，哲学家也不一定说得很清楚。

所谓先天，就是上天给你预先安排、预先设置的一些东西。这对人人都一样，上天不亏待任何人。这样就是每个人自己是否亏待自己了，自己是否把上天预设的东西开发出来了。教育的意义在很大程度上还是帮助人去开发，去发现自己，开展自己、发展自己，在发展中创造出一个更高大的自己来。教育为何如此重要？教育为何具有如此巨大的影响力？这不在于替代，而在于辅助或帮助，这又是必需的辅助，它能替代任何人，却不可能为其他任何事物所替代。

为了清晰起见，他们把直觉与逻辑的关系分述几个要点：第一，直觉是先天；第二，逻辑是后天获得的；第三，先天的直觉所提供的，可能是半成品，甚至还有泥沙俱下的可能；第四，对直觉的培养更为困难，办法不多；第五，对逻辑的培养，相对容易多了。在初中时，几何课学得比较好，形式逻辑的基本方法就可获得（当然，专门性的形式逻辑知识，也不是那样容易掌握的）。

对于每个人，上天只提供条件，提供可能，甚至一切皆有可能；但把可能变为现实，那就全靠各个人自己去体悟了。正如前面所说，教育是“必要的”，但不是物品，没有个人自己的努力奋斗，可能变不成现实。所谓奋斗，也就是与天合作，把上天所给予自己的可能变为现实。这样，也没有辜负先祖，没有辜负上天的恩赐。

人们说触类旁通，一通百通。其实哪有百通啊？这个问题至少也需要从两方面看。一方面当人的知识“球”越大的时候，他的未知世界也随之大起来了，不会坐井观天；另一方面，他的知识“原子”增多的时候，他组合成新知识的可能性越大，条件越好。万事都有利有弊，问题也就在于自己是否善于化弊为利。知识“球”大了，以为就这么大，“弊”就来了；以为外面的世界更大了，这就是利。知识“原子”多了，一团乱麻，这又是“弊”了；若提高了组合或重组能力，这就是利。

在这一节的最后还议一下归纳与演绎。人的一生中，要经历众多的直觉，也经历众多的归纳，由此而发展，提高认识。人与人的区别在于，有的人能更自觉地得出更多的归纳或直觉来，更进一步看则在于对其中的一些进行加工，使之成为产品，使这些创造性思维结出一些果实来，让智慧凝结在果实上。当然，琢磨得多，脑子转动得多的人，获得直觉、归纳，获得灵感的机会也多。灵感、归纳这类宝贵的东西，不光顾懒人。这也是上天的一种公正，天道酬勤。当然，这一类珍贵东西的获得，多少是要靠一点儿运气。然而，运气也还是给有准备的人的。

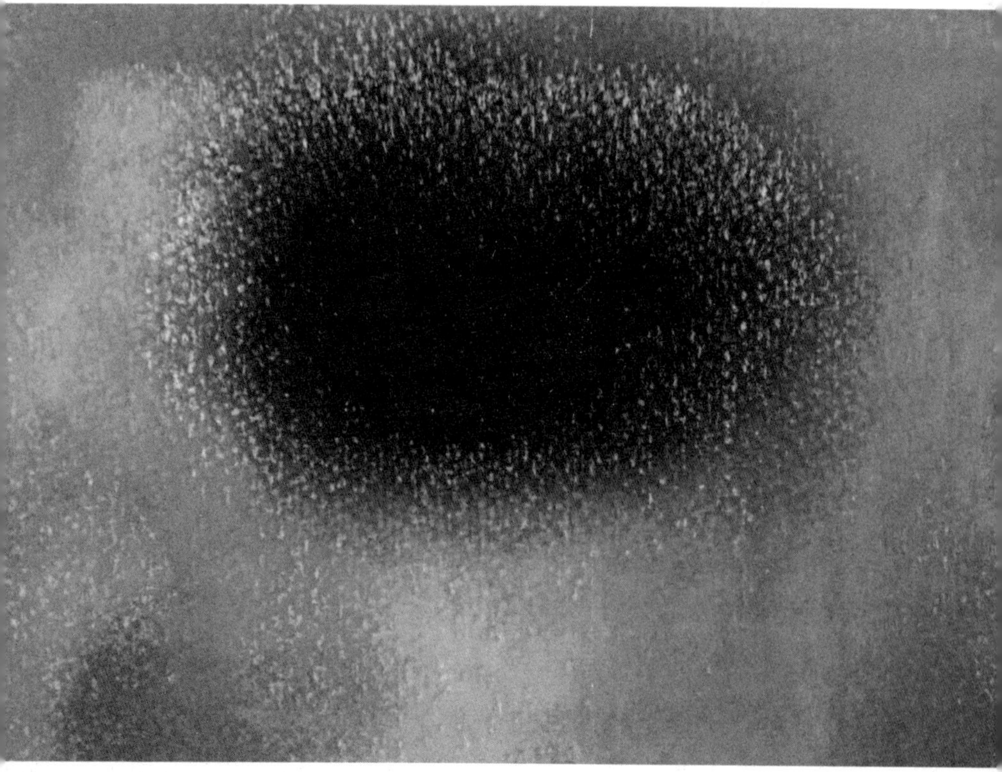